RECETTES ANTI-INFLAMMATOIRES EFFICACES

2022

RECETTES RAPIDES POUR PERDRE DU POIDS ET DIMINUER L'INFLAMMATION

CARLA MENU

TABLE DES MATIÈRES

Portions de patates douces farcies aux œufs : 1 16

Ingrédients: 16

Les directions: 16

Portions d'avoine pendant la nuit sans cuisson : 1 18

Ingrédients: 18

Les directions: 18

Portions de bols crémeux de patates douces : 2 20

Ingrédients: 20

Les directions: 20

Portions de chocolat au curcuma : 2 22

Ingrédients: 22

Les directions: 22

Portions d'œufs énergétiques rapides et épicés : 1 23

Ingrédients: 23

Les directions: 23

Portions de soufflés au cheddar et à la ciboulette : 8 25

Ingrédients: 25

Les directions: 26

Crêpes de sarrasin au lait d'amande vanille Portions : 1 27

Ingrédients: 27

Les directions: 27

Portions de coquetiers aux épinards et à la féta : 3 29

Ingrédients: 29

Les directions: 29

Portions de Frittata pour le petit-déjeuner : 2	31
Ingrédients:	31
Les directions:	31
Portions de bols de burrito au poulet et au quinoa : 6	32
Ingrédients:	32
Les directions:	33
Avo Toast Avec Oeuf Portions: 3	34
Ingrédients:	34
Les directions:	34
Portions d'avoine aux amandes : 2	35
Ingrédients:	35
Les directions:	35
Portions de crêpes choco-nana : 2	36
Ingrédients:	36
Les directions:	36
Portions de barres d'avoine aux patates douces : 6	38
Ingrédients:	38
Les directions:	39
Portions de pommes de terre rissolées faciles : 3	41
Ingrédients:	41
Les directions:	41
Portions de frittata aux champignons et aux asperges : 1	43
Ingrédients:	43
Les directions:	43
Portions de casserole de pain doré à la mijoteuse : 9	45
Ingrédients:	45
Les directions:	46

Portions de dinde au thym et à la sauce : 4 47

Ingrédients: 47

Les directions: 47

Portions de smoothie aux cerises et aux épinards : 1 49

Ingrédients: 49

Les directions: 49

Portions de pommes de terre à déjeuner : 2 51

Ingrédients: 51

Les directions: 51

Portions de flocons d'avoine instantanés à la banane : 1 52

Ingrédients: 52

Les directions: 52

Portions de smoothie au beurre d'amande et à la banane : 1 53

Ingrédients: 53

Les directions: 53

Portions de barres énergétiques au chocolat et au chia sans cuisson : 14 54

Ingrédients: 54

Les directions: 54

Portions de bol de petit-déjeuner aux graines de lin fruitées : 1 56

Ingrédients: 56

Les directions: 57

Gruau pour le petit-déjeuner dans la mijoteuse Portions : 8 58

Ingrédients: 58

Les directions: 58

Portions de pain Pumpernickel : 12 60

Ingrédients: 60

Les directions: 61

Portions de pouding au chia à la noix de coco et à la framboise : 4 63

Ingrédients: 63

Les directions: 63

Portions de salade de petit-déjeuner le week-end : 4 64

Ingrédients: 64

Les directions: 65

Délicieux riz végétarien au fromage avec brocoli et chou-fleur 66

Ingrédients: 66

Les directions: 67

Portions de toasts méditerranéens : 2 68

Ingrédients: 68

Les directions: 68

Portions de salade de petit-déjeuner aux patates douces : 2 70

Ingrédients: 70

Les directions: 70

Portions de tasses brunes au hachis de faux petit-déjeuner : 8 71

Ingrédients: 71

Les directions: 71

Portions d'omelette aux épinards et aux champignons : 2 73

Ingrédients: 73

Les directions: 73

Wraps de laitue avec poulet et légumes Portions : 2 76

Ingrédients: 76

Les directions: 77

Portions de bol de banane crémeuse à la cannelle : 1 78

Ingrédients: 78

Bonnes céréales aux canneberges et à la cannelle Portions : 2	79
Ingrédients:	79
Les directions:	79
Portions d'omelette du petit déjeuner : 2	81
Ingrédients:	81
Les directions:	82
Portions de pain sandwich au blé entier : 12	83
Ingrédients:	83
Les directions:	83
Gyros au poulet effiloché	86
Ingrédients:	86
Les directions:	87
Portions de soupe aux patates douces : 6	88
Ingrédients:	88
Les directions:	88
Bols de burrito au quinoa :	90
Les directions:	91
Broccolini aux amandes Portions : 6	92
Ingrédients:	92
Les directions:	92
Plat de quinoa :	94
Les directions:	94
Portions de salade aux œufs Clean Eating : 2	96
Ingrédients:	96
Les directions:	96
Portions de chili aux haricots blancs : 4	97
Ingrédients:	97

Les directions:	98
Portions de thon au citron : 4	99
Ingrédients:	99
Les directions:	99
Tilapia aux asperges et à la courge poivrée Portions : 4	101
Ingrédients:	101
Les directions:	101
Garniture de poulet au four avec des olives, des tomates et du basilic	103
Ingrédients:	103
Les directions:	103
Portions de ratatouille : 8	105
Ingrédients:	105
Les directions:	105
Portions de soupe aux boulettes de poulet : 4	107
Ingrédients:	107
Les directions:	108
Salade De Chou Orange Avec Vinaigrette Aux Agrumes	109
Ingrédients:	109
Les directions:	110
Portions de tempeh et légumes-racines : 4	111
Ingrédients:	111
Les directions:	111
Portions de soupe verte : 2	113
Ingrédients:	113
Les directions:	114
Crevettes-lime au four avec courgettes et maïs Portions : 4	115
Ingrédients:	115

Les directions: 116

Portions de soupe au chou-fleur : 10 117

Ingrédients: 117

Les directions: 117

Portions de hamburgers à la patate douce et aux haricots noirs : 6 119

Ingrédients: 119

Les directions: 120

Portions de soupe aux champignons à la noix de coco : 3 122

Ingrédients: 122

Les directions: 122

Portions de salade de fruits de style hiver : 6 124

Ingrédients: 124

Les directions: 124

Cuisses de poulet rôties au miel avec carottes Portions : 4 126

Ingrédients: 126

Les directions: 126

Portions de chili à la dinde : 8 128

Ingrédients: 128

Les directions: 129

Soupe de lentilles aux épices Portions : 5 130

Ingrédients: 130

Les directions: 130

Portions de poulet et de légumes à l'ail : 4 132

Ingrédients: 132

Les directions: 132

Portions de salade de saumon fumé : 4 134

Ingrédients: 134

Les directions: 135

Portions de salade Shawarma aux haricots : 2 136

Ingrédients: 136

Les directions: 137

Portions de riz frit à l'ananas : 4 139

Ingrédients: 139

Les directions: 140

Portions de soupe aux lentilles : 2 141

Ingrédients: 141

Les directions: 142

Portions de délicieuse salade de thon : 2 143

Ingrédients: 143

Les directions: 143

Portions d'aïoli aux œufs : 12 145

Ingrédients: 145

Les directions: 145

Pâtes spaghetti avec sauce aux champignons et aux herbes Ingrédients : 147

Les directions: 148

Soupe au riz brun et au miso shitaké aux oignons verts 150

Ingrédients: 150

Truite de mer au barbecue avec vinaigrette à l'ail et au persil 152

Ingrédients: 152

Les directions: 152

Wraps de chou-fleur et pois chiches au curry Ingrédients : 154

Les directions: 155

Portions de soupe de nouilles au sarrasin : 4 157

Ingrédients:	157
Les directions:	158
Portions de salade de saumon facile : 1	159
Ingrédients:	159
Les directions:	159
Portions de soupe aux légumes : 4	160
Ingrédients:	160
Les directions:	161
Portions de crevettes à l'ail citronné : 4	162
Ingrédients:	162
Les directions:	162
Ingrédients:	163
Poitrine de poitrine au fromage bleu	164
Portions : 6	164
Ingrédients:	164
Les directions:	165
Soba froid avec vinaigrette au miso Ingrédients :	166
Les directions:	167
Morceaux de chou-fleur Buffalo cuits au four Portions : 2	168
Ingrédients:	168
Les directions:	168
Poulet au four à l'ail avec basilic et tomates Portions : 4	170
Ingrédients:	170
Les directions:	171
Portions de soupe crémeuse au chou-fleur au curcuma : 4	172
Ingrédients:	172
Les directions:	173

Riz brun aux champignons, chou frisé et patate douce 174

Ingrédients: 174

Recette de tilapia au four avec garniture aux pacanes et romarin 176

Ingrédients: 176

Portions de tortillas aux haricots noirs : 2 178

Ingrédients: 178

Les directions: 178

Poulet Aux Haricots Blancs Aux Légumes Verts D'hiver 179

Ingrédients: 179

Les directions: 180

Portions de saumon au four aux herbes : 2 181

Ingrédients: 181

Les directions: 181

Salade de poulet au yaourt grec 183

Ingrédients: 183

Les directions: 183

Salade de pois chiches pilés 184

Ingrédients: 184

Les directions: 185

Portions de salade de Valence : 10 186

Ingrédients: 186

Les directions: 187

Portions de soupe « Mangez vos légumes » : 4 188

Ingrédients: 188

Les directions: 189

Portions de saumon miso et haricots verts : 4 190

Ingrédients: 190

Les directions:.. 190

Portions de soupe aux poireaux, au poulet et aux épinards : 4 191

Ingrédients: 191

Les directions:.. 191

Portions de bombes chocolat noir : 24 193

Ingrédients: 193

Les directions:.. 193

Portions de poivrons farcis à l'italienne : 6 195

Ingrédients: 195

Les directions:.. 195

Truite fumée enveloppée dans de la laitue Portions : 4 197

Ingrédients: 197

Les directions:.. 198

Ingrédients de la salade aux œufs farcis : 199

Les directions:.. 199

Poulet au sésame et tamari aux haricots verts 201

Ingrédients: 201

Les directions:.. 201

Portions de ragoût de poulet au gingembre : 6.................................... 203

Ingrédients: 203

Les directions:.. 204

Ingrédients de la salade crémeuse de Garbano : 205

Les directions:.. 206

Nouilles aux carottes avec sauce aux arachides et au gingembre et à la lime 208

Ingrédients: 208

Les directions:.. 209

Légumes Rôtis Aux Patates Douces Et Haricots Blancs 210

Ingrédients: 210

Les directions: 211

Portions de salade de chou frisé : 1 212

Ingrédients: 212

Les directions: 212

Portions de verre réfrigéré à la noix de coco et aux noisettes : 1 214

Ingrédients: 214

Les directions: 214

Poulet méditerranéen au four avec légumes Portions : 4 215

Ingrédients: 215

Les directions: 215

Portions de tambours de poulet Hidden Valley : 6 - 8 217

Ingrédients: 217

Les directions: 217

Portions de patates douces farcies aux œufs : 1

Temps de cuisson : 25 minutes

Ingrédients:

Patate douce, cuite – 1

Oeufs, gros – 2

Fromage cheddar, râpé – 2 cuillères à soupe

Oignon vert, tranché – 1

Huile d'olive extra vierge – 0,5 cuillère à soupe

Champignon de Paris, en dés – 2

Sel de mer – 0,25 cuillère à café

Les directions:

1. Réchauffez votre four à 350 degrés Fahrenheit et préparez une petite plaque à pâtisserie ou un plat pour les pommes de terre.

2. Coupez la patate douce cuite en deux et placez-les sur la plaque à pâtisserie. À l'aide d'une cuillère, retirez délicatement la chair orange de la pomme de terre de la pelure, en prenant soin de laisser la pelure intacte

sans la casser. Transférer la chair de la pomme de terre dans un petit bol. Utilisez une fourchette pour écraser la chair de la patate douce dans le bol.

3. Dans la patate douce dans le bol, ajouter le fromage cheddar, l'oignon vert, l'huile d'olive et les champignons. Mélanger le mélange, puis le remettre dans la pelure de patate douce sur la plaque à pâtisserie.

4. Utilisez votre cuillère pour créer un cratère ou un puits au centre de chaque moitié de pomme de terre, puis cassez un œuf dans chaque cratère. Saupoudrez votre sel de mer sur la patate douce et l'œuf.

5. Placez la plaque à pâtisserie avec les pommes de terre dans le four et laissez-les cuire jusqu'à ce que l'œuf soit réglé selon vos préférences et que la pomme de terre soit chaude, environ quinze à vingt minutes. Sortez la plaque du four et dégustez-les frais et chauds.

Portions d'avoine pendant la nuit sans cuisson : 1

Ingrédients:

1 ½ c. lait faible en gras

5 morceaux d'amandes entières

1 c. graines de chia

2 cuillères à soupe. Avoine

1 c. graines de tournesol

1 cuillère à soupe. Craisins

Les directions:

1. Dans un bocal ou une bouteille Mason avec bouchon, mélanger tous les ingrédients.

2. Réfrigérer pendant la nuit.

3. Profitez pour le petit déjeuner. Se conserve au réfrigérateur jusqu'à 3 jours.

<u>Informations nutritionnelles :</u> Calories : 271, Lipides :9,8 g, Glucides :35,4 g, Protéines :16,7 g, Sucres : 9 g, Sodium : 97 mg

Portions de bols crémeux de patates douces : 2

Temps de cuisson : 7 minutes

Ingrédients:

Patate douce, au four – 2

Lait d'amande, non sucré – 0,5 tasse

Cannelle moulue – 0,25 cuillère à café

Extrait de vanille – 0,5 cuillère à café

Graines de lin moulues – 1 cuillère à soupe

Pâte de dattes – 1 cuillère à soupe

Beurre d'amande - 2 cuillères à soupe

Bleuets – 0,5 tasse

Les directions:

1. Vous voulez que vos patates douces rôties soient chaudes, donc si elles ont déjà été rôties et réfrigérées, réchauffez les patates douces cuites au micro-ondes ou au four avant de préparer vos bols.

2. Retirez la peau de patate douce et placez la chair de la pomme de terre dans un mélangeur avec tous les autres ingrédients du bol de patate douce,

à l'exception des myrtilles. Mélangez jusqu'à consistance lisse et crémeuse, environ trente secondes, puis transférez le contenu dans un grand bol. Garnir le bol avec les myrtilles et, si vous le souhaitez, un peu de lait d'amande supplémentaire. Vous pouvez même ajouter du granola, des noix ou des graines, si vous souhaitez un croquant.

Portions de chocolat au curcuma : 2

Temps de cuisson : 5 minutes

Ingrédients:

1 tasse de lait de coco, non sucré

2 cuillères à café d'huile de noix de coco, fondue

1½ cuillères à soupe de cacao en poudre

1 cuillère à café de curcuma moulu

Une pincée de poivre noir

Une pincée de poivre de cayenne

2 cuillères à café de miel brut

Les directions:

1. Mettez le lait dans une casserole, faites-le chauffer à feu moyen, ajoutez l'huile, la poudre de cacao, le curcuma, le poivre noir, le cayenne et le miel. Bien fouetter, cuire 5 minutes, verser dans une tasse et servir.

2. Profitez-en !

Informations nutritionnelles : calories 281, lipides 12, fibres 4, glucides 12, protéines 7

Portions d'œufs énergétiques rapides et épicés : 1

Temps de cuisson : 3 minutes

Ingrédients:

1 cuillère à soupe de lait

1 cuillère à café de beurre fondu

2 œufs

Une pincée d'herbes et d'épices : aneth séché, origan séché, persil séché, thym séché et poudre d'ail

Les directions:

1. Préchauffez votre four à 325 °F. Pendant ce temps, nappez le fond d'une plaque allant au four avec le lait et le beurre.

2. Casser les œufs doucement sur la couche de lait et de beurre. Saupoudrer les œufs d'herbes séchées et d'ail en poudre.

3. Mettez le plateau dans le four. Cuire au four pendant 3 minutes ou jusqu'à ce que les œufs soient cuits.

Informations nutritionnelles : Calories 177 Lipides : 5,9 g Protéines : 8,8 g Sodium : 157 mg Glucides totaux : 22,8 g Fibres alimentaires : 0,7 g

Portions de soufflés au cheddar et à la ciboulette : 8

Temps de cuisson : 25 minutes

Ingrédients:

½ tasse de farine d'amande

¼ tasse de ciboulette hachée

1 cuillère à café de sel

½ cuillère à café de gomme xanthane

1 cc de moutarde moulue

cc de poivre de cayenne

½ cuillère à café de poivre noir concassé

¾ tasse de crème épaisse

2 tasses de fromage cheddar râpé

½ tasse de levure chimique

6 œufs bio, séparés

Les directions:

1. Allumez le four, puis réglez sa température à 350 °F et laissez-le préchauffer.

2. Prenez un bol moyen, ajoutez-y la farine, ajoutez le reste des ingrédients, à l'exception de la poudre à pâte et des œufs, et fouettez jusqu'à ce que le tout soit homogène.

3. Séparez les jaunes d'œufs et les blancs d'œufs dans deux bols, ajoutez les jaunes d'œufs dans le mélange de farine et fouettez jusqu'à incorporation.

4. Ajouter la poudre à pâte dans les blancs d'œufs et battre avec un batteur électrique jusqu'à formation de pics fermes, puis incorporer les blancs d'œufs au mélange de farine jusqu'à ce qu'ils soient bien mélangés.

5. Répartir la pâte uniformément entre huit ramequins, puis cuire au four pendant 25 minutes jusqu'à cuisson complète.

6. Servir immédiatement ou conserver au réfrigérateur jusqu'au moment de manger.

<u>Informations nutritionnelles :</u> Calories 288, Total Lipides 21g, Total Glucides 3g, Protéines 14g

Crêpes de sarrasin au lait d'amande vanille

Portions : 1

Ingrédients:

½ c. lait d'amande vanille non sucré

2-4 sachets d'édulcorant naturel

1/8 c. sel

½ tasse de farine de sarrasin

½ c. levure chimique à double effet

Les directions:

1. Préparez une crêpière antiadhésive et vaporisez-la d'un enduit à cuisson, placez-la sur feu moyen.

2. Fouetter ensemble la farine de sarrasin, le sel, la levure chimique et la stévia dans un petit bol et incorporer ensuite le lait d'amande.

3. Sur la poêle, verser une grande cuillerée de pâte, cuire jusqu'à ce que les bulles n'apparaissent plus à la surface et que toute la surface ait l'air sèche

et (2-4 minutes). Retourner et cuire encore 2 à 4 minutes. Répétez avec toute la pâte restante.

Informations nutritionnelles : Calories : 240, Lipides : 4,5 g, Glucides : 2 g, Protéines : 11 g, Sucres : 17 g, Sodium : 67 mg

Portions de coquetiers aux épinards et à la féta : 3

Temps de cuisson : 25 minutes

Ingrédients:

Oeufs, gros – 6

Poivre noir, moulu – 0,125 cuillère à café

Poudre d'oignon - 0,25 cuillère à café

Poudre d'ail – 0,25 cuillère à café

Fromage feta – 0,33 tasse

Bébés épinards – 1,5 tasse

Sel de mer – 0,25 cuillère à café

Les directions:

1. Réchauffez votre four à 350 degrés Fahrenheit, placez la grille au centre du four et graissez un moule à muffins.

2. Répartir vos bébés épinards et fromage feta dans le fond des douze moules à muffins.

3. Dans un bol, fouetter ensemble les œufs, le sel de mer, la poudre d'ail, la poudre d'oignon et le poivre noir jusqu'à ce que le blanc d'œuf soit complètement décomposé en jaune. Verser l'œuf sur les épinards et le fromage dans les moules à muffins, en remplissant les moules aux trois quarts. Placez le moule au four jusqu'à ce que les œufs soient complètement cuits, environ dix-huit à vingt minutes.

4. Sortez les coquetiers aux épinards et à la feta du four et servez chaud ou laissez les œufs refroidir complètement à température ambiante avant de les réfrigérer.

Portions de Frittata pour le petit-déjeuner : 2

Temps de cuisson : 20 minutes

Ingrédients:

1 oignon, haché

2 cuillères à soupe de poivron rouge, haché

¼ lb de saucisse de dinde à déjeuner, cuite et émiettée 3 œufs, battus

Pincée de poivre de cayenne

Les directions:

1. Mélangez tous les ingrédients dans un bol.

2. Verser dans un petit plat allant au four.

3. Ajoutez le plat de cuisson au panier de la friteuse à air.

4. Cuire dans la friteuse à air pendant 20 minutes.

Portions de bols de burrito au poulet et au quinoa : 6

Temps de cuisson : 5 heures

Ingrédients:

1 lb de cuisses de poulet (sans peau, sans os)

1 tasse de bouillon de poulet

1 peut avoir des tomates en dés (14,5 oz)

1 oignon (haché)

3 gousses d'ail (hachées)

2 cuillères à café de poudre de chili

½ cuillère à café de coriandre

½ cuillère à café d'ail en poudre

1 poivron (finement haché)

15 oz de haricots pinto (égouttés)

1 ½ tasse de fromage cheddar (râpé)

Les directions:

1. Mélanger le poulet, les tomates, le bouillon, l'oignon, l'ail, la poudre de chili, la poudre d'ail, la coriandre et le sel. Réglez la cuisinière sur feu doux.

2. Retirez le poulet et déchiquetez-le en morceaux avec une fourchette et un couteau.

3. Remettre le poulet dans la mijoteuse et ajouter le quinoa et les haricots pinto.

4. Réglez la cuisinière à feu doux pendant 2 heures.

5. Ajouter le fromage sur le dessus et continuer à cuire en remuant doucement jusqu'à ce que le fromage fonde.

6. Servir.

Informations nutritionnelles : Calories 144 mg Lipides totaux : 39 g Glucides : 68 g Protéines : 59 g Sucre : 8 g Fibres 17 g Sodium : 756 mg Cholestérol : 144 mg

Avo Toast Avec Oeuf Portions: 3

Temps de cuisson : 0 minutes

Ingrédients:

1½ cuillère à café de ghee

Pain 1 tranche, sans gluten et grillé

½ avocat, tranché finement

Une poignée d'épinards

1 oeuf brouillé ou poché

Une pincée de flocons de piment rouge

Les directions:

1. Étalez le ghee sur le pain grillé. Garnir avec les tranches d'avocat et les feuilles d'épinards. Déposez dessus un œuf brouillé ou poché. Terminez la garniture par une pincée de flocons de piment rouge.

<u>Informations nutritionnelles :</u> Calories 540 Lipides : 18 g Protéines : 27 g Sodium : 25 mg Glucides totaux : 73,5 g Fibres alimentaires : 6 g

Portions d'avoine aux amandes : 2

Temps de cuisson : 0 minutes

Ingrédients:

1 tasse de flocons d'avoine à l'ancienne

½ tasse de lait de coco

1 cuillère à soupe de sirop d'érable

¼ tasse de bleuets

3 cuillères à soupe d'amandes hachées

Les directions:

1. Dans un bol, mélanger les flocons d'avoine avec le lait de coco, le sirop d'érable et les amandes. Couvrir et laisser reposer toute la nuit. Servir le lendemain.

2. Profitez-en !

Informations nutritionnelles : calories 255, lipides 9, fibres 6, glucides 39, protéines 7

Portions de crêpes choco-nana : 2

Temps de cuisson : 6 minutes

Ingrédients:

2 grosses bananes, pelées et écrasées

2 gros œufs, élevés au pâturage

3 cuillères à soupe de poudre de cacao

2 cuillères à soupe de beurre d'amande

1 cuillère à café d'extrait de vanille pur

1/8 cuillère à café de sel

Huile de coco pour graisser

Les directions:

1. Préchauffer une poêle à feu moyen-doux et graisser la poêle avec de l'huile de noix de coco.

2. Placer tous les ingrédients dans un robot culinaire et mélanger jusqu'à consistance lisse.

3. Versez une pâte (environ ¼ tasse) sur la poêle et formez une crêpe.

4. Cuire 3 minutes de chaque côté.

Informations nutritionnelles : Calories 303Matières grasses totales 17g Graisses saturées 4gGlucides totaux 36gGlucides nets 29gProtéines 5gSucre : 15gFibres : 5gSodium : 108mgPotassium 549mg

Portions de barres d'avoine aux patates douces : 6

Temps de cuisson : 35 minutes

Ingrédients:

Patate douce, cuite, en purée – 1 tasse

Lait d'amande, non sucré - 0,75 tasse

œuf – 1

Pâte de dattes – 1,5 cuillères à soupe

Extrait de vanille – 1,5 cuillères à café

Bicarbonate de soude - 1 cuillère à café

Cannelle moulue – 1 cuillère à café

Clous de girofle moulus – 0,25 cuillère à café

Noix de muscade, moulue – 0,5 cuillère à café

Gingembre moulu – 0,5 cuillère à café

Graines de lin moulues – 2 cuillères à soupe

Poudre de protéine – 1 portion

Farine de noix de coco – 0,25 tasse

Farine d'avoine - 1 tasse

Noix de coco séchée, non sucrée – 0,25 tasse

Noix de pécan, hachées – 0,25 tasse

Les directions:

1. Réchauffez le four à 375 degrés Fahrenheit et tapissez un plat de cuisson carré de huit pouces sur huit de papier parchemin. Vous voulez laisser du papier parchemin sur les côtés du moule pour le soulever une fois que les barres sont cuites.

2. Dans votre mélangeur sur socle, ajoutez tous les ingrédients des barres d'avoine et de patates douces, à l'exception de la noix de coco séchée et des pacanes hachées.

Laissez le mélange pulser pendant quelques instants jusqu'à ce que le mélange soit lisse, puis arrêtez le mélangeur. Vous devrez peut-être racler les côtés du mélangeur, puis mélanger à nouveau.

3. Versez la noix de coco et les pacanes dans la pâte puis mélangez-les avec une spatule. Ne mélangez pas à nouveau le mélange, car vous ne voulez pas que ces morceaux soient mélangés. Versez le mélange de barres d'avoine et de patates douces dans votre moule préparé et étalez-le.

4. Placez votre plat de barre d'avoine à la patate douce au milieu de votre four et laissez-le cuire jusqu'à ce que les barres soient cuites, environ vingt-deux

à vingt-cinq minutes. Retirez le plat du four. Placez une grille de refroidissement à côté du plat de cuisson, puis faites doucement vivre le parchemin de cuisine par le surplomb et soulevez-le délicatement du plat et sur la grille pour qu'il refroidisse. Laissez les barres d'avoine et de patates douces refroidir complètement avant de les trancher.

Portions de pommes de terre rissolées faciles : 3

Temps de cuisson : 35 minutes

Ingrédients:

pommes de terre rissolées râpées, congelées – 1 livre

Oeufs – 2

Sel de mer – 0,5 cuillère à café

Poudre d'ail - 0,5 cuillère à café

Poudre d'oignon - 0,5 cuillère à café

Poivre noir, moulu – 0,125 cuillère à café

Huile d'olive extra vierge - 1 cuillère à soupe

Les directions:

1. Commencez par réchauffer votre gaufrier.

2. Dans un bol de cuisine, fouetter ensemble les œufs pour les décomposer, puis ajouter le reste des ingrédients. Pliez-les tous ensemble jusqu'à ce que la pomme de terre soit uniformément enrobée par l'œuf et les assaisonnements.

3. Graissez votre gaufrier et étalez dessus un tiers du mélange de pommes de terre rissolées. Fermez-le et laissez cuire les pommes de terre à l'intérieur jusqu'à ce qu'elles soient dorées, environ douze à quinze minutes. Une fois en bas, retirez délicatement la pomme de terre rissolée à l'aide d'une fourchette puis poursuivez la cuisson d'un autre tiers du mélange puis du dernier tiers.

4. Vous pouvez conserver les pommes de terre rissolées cuites au réfrigérateur, puis les réchauffer dans le gaufrier ou au four pour les rendre à nouveau croustillantes plus tard.

Portions de frittata aux champignons et aux asperges : 1

Temps de cuisson:

Ingrédients:

Oeufs – 2

Pointes d'asperges – 5

Eau – 1 cuillère à soupe

Huile d'olive extra vierge - 1 cuillère à soupe

Champignons de Paris, tranchés – 3

Sel de mer – pincée

Oignon vert, haché – 1

Fromage de chèvre, demi-ferme – 2 cuillères à soupe

Les directions:

1. Réchauffez votre four sur la position gril pendant que vous préparez votre frittata. Préparez vos légumes, jetez l'extrémité dure des pointes d'asperges, puis coupez les pointes en morceaux de la taille d'une bouchée.

2. Graisser une poêle allant au four de sept à huit pouces et la placer à feu moyen. Ajoutez les champignons et laissez-les sauter pendant deux minutes avant d'ajouter les asperges et de cuire pendant deux minutes supplémentaires. Une fois la cuisson terminée, répartissez uniformément les légumes au fond de la casserole.

3. Dans un petit plat à mélanger de cuisine, fouettez ensemble les œufs, l'eau et le sel de mer, puis versez-le sur les légumes sautés. Saupoudrer l'oignon vert haché et le fromage de chèvre émietté sur le dessus de la frittata.

4. Laissez la poêle continuer à cuire sur la cuisinière de cette manière sans être dérangée jusqu'à ce que les œufs brouillés de la frittata commencent à prendre sur les bords et à se décoller des côtés de la poêle. Avec précaution, soulevez la casserole et tournez-la en mouvements circulaires doux pour que l'œuf cuise uniformément.

5. Transférez votre frittata au four, en faisant cuire sous la chaudière jusqu'à ce que l'œuf soit complètement cuit, encore deux à trois minutes. Gardez un œil sur l'œuf pour votre frittata, afin qu'il ne cuise pas trop. Dès que c'est fait, sortez-la du four, transférez la frittata dans une assiette et dégustez-la bien chaude.

Portions de casserole de pain doré à la mijoteuse : 9

Temps de cuisson : 4 heures

Ingrédients:

2 oeufs

2 blancs d'oeufs

1 ½ lait d'amande ou lait 1%

2 cuillères à soupe de miel brut

1/2 cuillère à café de cannelle

1 cc d'extrait de vanille

9 tranches de pain

Pour remplissage:

3 tasses de pommes (en dés)

2 cuillères à soupe de miel brut

1 cuillère à soupe de jus de citron

1/2 cuillère à café de cannelle

1/3 tasse de pacanes

Les directions:

1. Mettez les six premiers éléments dans un bol et mélangez.

2. Graisser la mijoteuse avec un aérosol de cuisson antiadhésif.

3. Mélanger tous les ingrédients de la garniture dans un petit bol et réserver. Bien enrober les morceaux de pomme dans la garniture.

4. Coupez les tranches de pain en deux (triangle), puis placez trois tranches de pomme au fond et un peu de lime par-dessus. Superposer les tranches de pain et la garniture selon le même motif.

5. Mettez la pâte aux œufs sur les couches de pain et de garniture.

6. Réglez la cuisinière à feu vif pendant 2 ½ heures ou à feu doux pendant 4 heures.

Informations nutritionnelles : Calories 227 Total Lipides : 7g Glucides : 34g Protéines : 9g Sucre : 19g Fibres 4g Sodium : 187 mg

Portions de dinde au thym et à la sauge : 4

Temps de cuisson : 25 minutes

Ingrédients:

1 lb de dinde hachée

½ cuillère à café de cannelle

½ cuillère à café d'ail en poudre

1 cuillère à café de romarin frais

1 cuillère à café de thym frais

1 cuillère à café de sel de mer

2 cuillères à café de sauge fraîche

2 cuillères à soupe d'huile de noix de coco

Les directions:

1. Incorporer tous les ingrédients, à l'exception de l'huile, dans un bol à mélanger.

Réfrigérer toute une nuit ou pendant 30 minutes.

2. Versez l'huile dans le mélange. Former le mélange en quatre galettes.

3. Dans une poêle légèrement graissée placée à feu moyen, cuire les galettes 5 minutes de chaque côté, ou jusqu'à ce que leurs parties centrales ne soient plus roses. Vous pouvez également les cuire en les faisant cuire au four pendant 25

minutes à 400°F.

<u>Informations nutritionnelles :</u> Calories 284 Lipides : 9,4 g Protéines : 14,2 g Sodium : 290 mg Glucides totaux : 36,9 g Fibres alimentaires : 0,7 g

Portions de smoothie aux cerises et aux épinards : 1

Temps de cuisson : 0 minutes

Ingrédients:

1 tasse de kéfir nature

1 tasse de cerises surgelées, dénoyautées

½ tasse de pousses d'épinards

¼ tasse d'avocat mûr en purée

1 cuillère à soupe de beurre d'amande

1 morceau de gingembre pelé (1/2 pouce)

1 cuillère à café de graines de chia

Les directions:

1. Placez tous les ingrédients dans un mélangeur. Pulser jusqu'à consistance lisse.

2. Laisser refroidir au réfrigérateur avant de servir.

Informations nutritionnelles : Calories 410 Total Lipides 20g Total Glucides 47g Glucides Nets 37g Protéines 17g Sucre 33g Fibres : 10g Sodium : 169mg

Portions de pommes de terre à déjeuner : 2

Temps de cuisson : 15 minutes

Ingrédients:

5 pommes de terre, coupées en cubes

1 cuillère à soupe d'huile

½ cuillère à café d'ail en poudre

¼ cuillère à café de poivre

½ cuillère à café de paprika fumé

Les directions:

1. Préchauffez votre friteuse à air à 400 degrés F pendant 5 minutes.

2. Mélanger les pommes de terre dans l'huile.

3. Assaisonner avec de la poudre d'ail, du poivre et du paprika.

4. Ajoutez les pommes de terre dans le panier de la friteuse à air.

5. Cuire dans la friteuse à air pendant 15 minutes.

Portions de flocons d'avoine instantanés à la banane : 1

Ingrédients:

1 banane mûre écrasée

½ c. l'eau

½ c. flocons d'avoine

Les directions:

1. Mesurez les flocons d'avoine et l'eau dans un bol allant au micro-ondes et mélangez.

2. Placer le bol au micro-ondes et chauffer à puissance élevée pendant 2 minutes.

3. Retirez le bol du micro-ondes et incorporez la purée de banane et dégustez-la.

Informations nutritionnelles : Calories : 243, Lipides : 3 g, Glucides : 50 g, Protéines : 6 g, Sucres : 20 g, Sodium : 30 mg

Portions de smoothie au beurre d'amande et à la banane : 1

Ingrédients:

1 cuillère à soupe. beurre d'amande

½ c. glaçons

½ c. épinards emballés

1 banane moyenne pelée et congelée

1 ch. lait écrémé

Les directions:

1. Dans un mélangeur puissant, mélanger tous les ingrédients jusqu'à consistance lisse et crémeuse.

2. Servez et dégustez.

Informations nutritionnelles : Calories: 293, Lipides:9,8 g, Glucides:42,5 g, Protéines:13,5

g, Sucres:12 g, Sodium:111 mg

Portions de barres énergétiques au chocolat et au chia sans cuisson : 14

Temps de cuisson : 0 minutes

Ingrédients:

1 ½ tasse de dattes emballées et dénoyautées

1/tasse de noix de coco râpée non sucrée

1 tasse de morceaux de noix crues

1/4 tasse (35 g) de poudre de cacao naturel

1/2 tasse (75 g) de graines de chia entières

1/2 tasse (70 g) de chocolat noir haché

1/2 tasse (50 g) de flocons d'avoine

1 cuillère à café d'extrait de vanille pure, facultatif, rehausse la saveur 1/4 cuillère à café de sel de mer non raffiné

Les directions:

1. Mixez les dattes dans un mélangeur jusqu'à formation d'une pâte épaisse.

2. Ajouter les noix et mélanger pour mélanger.

3. Mettez le reste de la fixation et mélangez jusqu'à formation d'une pâte épaisse.

4. Tapisser un moule rectangulaire recouvert de papier parchemin. Placez le mélange hermétiquement dans la casserole et placez-le directement dans tous les coins.

5. Placer au congélateur jusqu'à minuit, pendant au moins quelques heures.

6. Sortez de la poêle et coupez en 14 lanières.

7. Placer au réfrigérateur ou dans un contenant hermétique.

<u>Informations nutritionnelles :</u> Sucre 17 g Lipides : 12 g Calories : 234 Glucides : 28 g Protéines : 4,5 g

Portions de bol de petit-déjeuner aux graines de lin fruitées : 1

Temps de cuisson : 5 minutes

Ingrédients:

Pour la bouillie :

tasse de graines de lin, fraîchement moulues

¼ cuillère à café de cannelle, moulue

1 tasse de lait d'amande ou de coco

1 banane moyenne, en purée

Une pincée de sel de mer fin

Pour les garnitures :

Bleuets, frais ou décongelés

Noix, hachées crues

Sirop d'érable pur (facultatif)

Les directions:

1. Dans une casserole de taille moyenne placée à feu moyen, mélanger tous les ingrédients de la bouillie. Remuer constamment pendant 5 minutes, ou jusqu'à ce que la bouillie épaississe et arrive à ébullition.

2. Transférez la bouillie cuite dans un bol de service. Garnir avec les garnitures et verser un peu de sirop d'érable si vous le voulez un peu plus sucré.

<u>Informations nutritionnelles :</u> Calories 780 Lipides : 26 g Protéines : 39 g Sodium : 270 mg Glucides totaux : 117,5 g

Gruau pour le petit-déjeuner dans la mijoteuse

Portions : 8

Ingrédients:

4 ch. lait d'amande

2 sachets de stévia

2 ch. avoine coupée en acier

1/3 c. abricots secs hachés

4 ch. l'eau

1/3 c. Cerises séchées

1 c. cannelle

1/3 c. raisins secs

Les directions:

1. Dans une mijoteuse, bien mélanger tous les ingrédients.

2. Couvrir et régler à faible.

3. Cuire pendant 8 heures.

4. Vous pouvez régler cela la veille pour que le matin vous ayez le petit-déjeuner prêt.

<u>Informations nutritionnelles :</u> Calories : 158,5, Lipides : 2,9 g, Glucides : 28,3 g, Protéines : 4,8

g, Sucres :11 g, Sodium : 135 mg

Portions de pain Pumpernickel : 12

Temps de cuisson : 2 heures, 30 minutes

Ingrédients:

farine de Pumpernickel – 3 tasses

Farine de blé entier – 1 tasse

Farine de maïs - 0,5 tasse

Cacao en poudre – 1 cuillère à soupe

Levure sèche active – 1 cuillère à soupe

Graines de carvi – 2 cuillères à café

Sel de mer - 1,5 cuillères à café

Eau, tiède – 1,5 tasse, divisée

Pâte de dattes – 0,25 tasse, divisée

Huile d'avocat - 1 cuillère à soupe

Patates douces en purée – 1 tasse

Dorure aux œufs – 1 blanc d'œuf + 1 cuillère à soupe d'eau

Les directions:

1. Préparez un moule à pain de neuf pouces sur cinq en le recouvrant de papier sulfurisé, puis en le graissant légèrement.

2. Dans une casserole, mélangez une tasse de votre eau avec la semoule de maïs jusqu'à ce qu'elle soit chaude et épaisse, environ cinq minutes. Assurez-vous de continuer à remuer pendant qu'il chauffe pour éviter les grumeaux. Une fois épais, retirez la casserole du feu et incorporez votre pâte de dattes, la poudre de cacao, les graines de carvi et l'huile d'avocat. Mettez la casserole de côté jusqu'à ce que le contenu soit refroidi à tiède.

3. Ajoutez votre demi-tasse d'eau tiède restante dans un grand plat à mélanger avec la levure, en remuant jusqu'à ce que la levure soit dissoute. Laissez reposer ce mélange pour le pain pumpernickel pendant environ dix minutes jusqu'à ce qu'il ait fleuri et formé des bulles gonflées.

Ceci est mieux fait dans un endroit chaud.

4. Une fois que la levure a fleuri, ajoutez le mélange d'eau de semoule de maïs tiède dans le plat à mélanger, ainsi que la purée de patates douces.

Une fois que les liquides et la pomme de terre sont combinés, incorporer les farines de blé entier et de pumpernickel. Pétrir le mélange pendant dix minutes, de préférence avec un batteur sur socle et un crochet pétrisseur. La pâte est prête quand il forme une boule cohésive qui est lisse et s'éloigne des bords du plat de mélange.

5. Retirez le crochet pétrisseur et couvrez votre plat à mélanger avec du plastique de cuisine ou un torchon propre et humide. Placez le plat à mélanger de cuisine dans un endroit chaud pour qu'il lève jusqu'à ce que la pâte ait doublé de volume, soit environ une heure.

6. Réchauffez votre four à 375 degrés Fahrenheit pour préparer le pain.

7. Façonnez la pâte en une belle forme de bûche et placez-la dans votre moule à pain préparé. Fouettez ensemble votre dorure à l'œuf, puis utilisez un pinceau à pâtisserie pour le badigeonner légèrement sur le dessus de votre pain préparé. Si vous le souhaitez, utilisez un couteau bien aiguisé pour marquer le pain pour un motif décoratif.

8. Placez votre pain au milieu de votre four chaud et laissez-le cuire jusqu'à ce qu'il prenne une magnifique couleur sombre et lorsque vous frappez dessus, il produit un son creux, environ une heure. Retirez le pain pumpernickel du four et laissez-le refroidir dans le moule pendant cinq minutes avant de retirer le pain pumpernickel du moule et de transférer le pain sur une grille pour continuer à refroidir. Ne coupez pas le pain avant qu'il ne soit complètement refroidi.

Portions de pouding au chia à la noix de coco et à la framboise : 4

Temps de cuisson : 0 minutes

Ingrédients:

¼ tasse de graines de chia

½ cuillère à soupe de stévia

1 tasse de lait de coco, non sucré, entier

2 cuillères à soupe d'amandes

¼ tasse de framboises

Les directions:

1. Prenez un grand bol, ajoutez-y les graines de chia avec la stévia et le lait de coco, remuez jusqu'à ce que le mélange soit mélangé et réfrigérez pendant la nuit jusqu'à épaississement.

2. Sortez le pudding du réfrigérateur, garnissez-le d'amandes et de baies, puis servez.

Informations nutritionnelles : Calories 158, matières grasses totales 14,1 g, glucides totaux 6,5 g, protéines 2 g, sucre 3,6 g, sodium 16 mg

Portions de salade de petit-déjeuner le week-end : 4

Temps de cuisson : 0 minutes

Ingrédients:

Oeufs, quatre durs

Citron, un

Roquette, dix tasses

Quinoa, une tasse cuit et refroidi

Huile d'olive, deux cuillères à soupe

Aneth, haché, une demi-tasse

Amandes, hachées, une tasse

Avocat, une grosse tranche fine

Concombre, haché, une demi-tasse

Tomate, une grande coupe en quartiers

Les directions:

1. Mélangez le quinoa, le concombre, les tomates et la roquette. Mélangez légèrement ces ingrédients avec de l'huile d'olive, du sel et du poivre. Transférer et disposer l'œuf et l'avocat sur le dessus. Garnir chaque salade d'amandes et d'herbes. Arroser de jus de citron.

Informations nutritionnelles : Calories 336 lipides 7,7 grammes de protéines 12,3 grammes de glucides 54,6 grammes de sucre 5,5 grammes de fibres 5,2 grammes

Délicieux riz végétarien au fromage avec brocoli et chou-fleur

Portions : 2

Temps de cuisson : 7 minutes

Ingrédients:

½ tasse de fleurons de brocoli, en riz

1½ tasse de fleurons de chou-fleur, en riz

cc d'ail en poudre

cc de sel

¼ cuillère à café de poivre noir concassé

1/8 cuillère à café de muscade moulue

½ cuillère à soupe de beurre non salé

1/8 tasse de mascarpone

¼ tasse de cheddar fort râpé

Les directions:

1. Prenez un bol moyen résistant à la chaleur, ajoutez-y tous les ingrédients, à l'exception du mascarpone et du cheddar, et remuez jusqu'à ce que le tout soit mélangé.

2. Placez le bol dans un micro-ondes, micro-ondes à température élevée pendant 5 minutes, puis ajoutez le fromage et poursuivez la cuisson pendant 2 minutes.

3. Ajouter le fromage mascarpone dans le bol, remuer jusqu'à ce que le mélange soit crémeux et servir immédiatement.

Informations nutritionnelles : Calories 138, matières grasses totales 9,8 g, glucides totaux 6,6 g, protéines 7,5 g, sucre 2,4 g, sodium 442 mg

Portions de toasts méditerranéens : 2

Ingrédients:

1 ½ c. feta émiettée allégée

3 olives grecques tranchées

purée d'avocat

1 tranche de bon pain de blé entier

1 cuillère à soupe. Hummus aux poivrons rouges grillés

3 tomates cerises tranchées

1 œuf dur tranché

Les directions:

1. Tout d'abord, faites griller le pain et garnissez-le de ¼ d'avocat en purée et 1

à soupe de houmous.

2. Ajouter les tomates cerises, les olives, l'œuf dur et la feta.

3. Au goût, assaisonner de sel et de poivre.

Informations nutritionnelles : Calories : 333,7, Lipides :17 g, Glucides :33,3 g, Protéines :16,3 g, Sucres:1 g, Sodium:700 mg

Portions de salade de petit-déjeuner aux patates douces : 2

Temps de cuisson : 0 minutes

Ingrédients:

1 cuillère de poudre de protéine

¼ tasse de bleuets

¼ tasse de framboises

1 banane, pelée

1 patate douce, cuite au four, pelée et coupée en cubes

Les directions:

1. Mettez la pomme de terre dans un bol et écrasez-la avec une fourchette. Ajouter la banane et la poudre de protéine et bien mélanger le tout. Ajouter les baies, mélanger et servir froid.

2. Profitez-en !

<u>Informations nutritionnelles :</u> calories 181, lipides 1, fibres 6, glucides 8, protéines 11

Portions de tasses brunes au hachis de faux petit-déjeuner : 8

Ingrédients:

40 g d'oignon en dés

8 gros oeufs

7 ½ g d'ail en poudre

2 ½ g de poivre

170 g de fromage allégé râpé

170 g de patate douce râpée

2 ½ g de sel

Les directions:

1. Préchauffer le four à 400 0F et préparer un moule à muffins avec des moules.

2. Placer les patates douces râpées, les oignons, l'ail et les épices dans un bol et bien mélanger, avant de mettre une cuillerée dans chaque tasse. Ajouter un gros œuf sur chaque tasse et poursuivre la cuisson pendant 15 minutes jusqu'à ce que les œufs soient cuits.

3. Servir frais ou conserver.

<u>Informations nutritionnelles :</u> Calories : 143, Lipides : 9,1 g, Glucides : 6 g, Protéines : 9 g, Sucres : 0 g, Sodium : 290 mg

Portions d'omelette aux épinards et aux champignons : 2

Ingrédients:

2 cuillères à soupe. Huile d'olive

2 oeufs entiers

3 ch. épinards, frais

Aérosol de cuisson

10 petits champignons Bella tranchés

8 cuillères à soupe. Oignon rouge tranché

4 blancs d'oeufs

2 oz. fromage de chèvre

Les directions:

1. Placer une poêle à feu moyen-élevé et ajouter les olives.

2. Ajouter les oignons rouges tranchés dans la poêle et remuer jusqu'à ce qu'ils soient translucides.

Ensuite, ajoutez vos champignons dans la poêle et continuez à remuer jusqu'à ce qu'ils soient légèrement dorés.

3. Ajouter les épinards et remuer jusqu'à ce qu'ils flétrissent. Assaisonner avec un tout petit peu de poivre et de sel. Retirer du feu.

4. Vaporiser une petite casserole avec un aérosol de cuisson et placer à feu moyen.

5. Casser 2 œufs entiers dans un petit bol. Ajouter 4 blancs d'œufs et fouetter pour combiner.

6. Versez les œufs battus dans la petite poêle et laissez reposer le mélange pendant une minute.

7. Utilisez une spatule pour contourner doucement les bords de la poêle.

Soulevez la poêle et inclinez-la vers le bas et autour dans un style circulaire pour permettre aux œufs qui coulent d'atteindre le centre et de cuire sur les bords de la poêle.

8. Ajoutez du fromage de chèvre émietté sur un côté du dessus de l'omelette avec votre mélange de champignons.

9. Ensuite, repliez délicatement l'autre côté de l'omelette sur le côté champignon avec la spatule.

10. Laisser cuire trente secondes. Ensuite, transférez l'omelette dans une assiette.

<u>Informations nutritionnelles :</u> Calories : 412, Lipides : 29 g, Glucides : 18 g, Protéines : 25 g, Sucres : 7 g, Sodium : 1000 mg

Wraps de laitue avec poulet et légumes

Portions : 2

Temps de cuisson : 15 minutes

Ingrédients:

½ cuillère à soupe de beurre non salé

lb de poulet haché

1/8 tasse de courgettes, hachées

¼ poivron vert, épépiné et haché

1/8 tasse de courge jaune, hachée

¼ d'un oignon moyen, haché

½ cuillère à café d'ail émincé

Poivre noir fraîchement moulu, au goût

¼ cc de curry en poudre

½ cuillère à soupe de sauce soja

2 grandes feuilles de laitue

½ tasse de parmesan râpé

Les directions:

1. Prenez une poêle, placez-la sur feu moyen, ajoutez-y le beurre et le poulet, émiettez-la et faites cuire environ 5 minutes jusqu'à ce que le poulet ne soit plus rose.

2. Ajoutez ensuite les courgettes, le poivron, la courge, l'oignon et l'ail dans la poêle, remuez jusqu'à ce que le tout soit mélangé et laissez cuire pendant 5 minutes.

3. Assaisonnez ensuite de poivre noir et de poudre de curry, arrosez de sauce soja, remuez bien et poursuivez la cuisson 5 minutes, réservez jusqu'à ce que vous en ayez besoin.

4. Assembler les wraps et pour cela, répartir uniformément le mélange de poulet sur chaque feuille de laitue, puis garnir de fromage et servir.

5. Pour la préparation des repas, placez le mélange de poulet dans un contenant hermétique et au réfrigérateur jusqu'à deux jours.

6. Au moment de manger, réchauffer le mélange de poulet au micro-ondes jusqu'à ce qu'il soit chaud, puis l'ajouter sur des feuilles de laitue et servir.

Informations nutritionnelles : Calories 71, matières grasses totales 6,7 g, glucides totaux 4,2 g, protéines 4,8 g, sucre 30,5 g, sodium 142 mg

Portions de bol de banane crémeuse à la cannelle : 1

Temps de cuisson : 3 minutes

Ingrédients:

1 grosse banane, mûre

¼ cuillère à café de cannelle, moulue

Une pincée de sel de mer celtique

2 cuillères à soupe de beurre de noix de coco, fondu

Garnitures au choix : fruits, graines ou noix <u>Les directions:</u>

1. Écrasez la banane dans un bol à mélanger. Ajouter la cannelle et le sel de mer celtique. Mettre de côté.

2. Faites chauffer le beurre de coco dans une casserole placée sur feu doux. Versez le beurre chaud sur le mélange de bananes.

3. Pour servir, garnir de votre fruit, graine ou noix préféré.

<u>Informations nutritionnelles :</u> Calories 564 Lipides : 18,8 g Protéines : 28,2 g Sodium : 230 mg Glucides totaux : 58,2 g Fibres alimentaires : 15,9 g

Bonnes céréales aux canneberges et à la cannelle Portions : 2

Temps de cuisson : 35 minutes

Ingrédients:

1 tasse de céréales (choix d'amarante, de sarrasin ou de quinoa) 2 ½ tasses d'eau de coco ou de lait d'amande

1 bâton de cannelle

2 clous de girofle entiers

1 gousse d'anis étoilé (facultatif)

Fruits frais : pommes, mûres, canneberges, poires ou kakis

Sirop d'érable (facultatif)

Les directions:

1. Porter les grains, l'eau de coco et les épices à ébullition dans une casserole. Couvrir, puis baisser le feu à moyen-doux. Laisser mijoter dans les 25 minutes.

2. Pour servir, jeter les épices et garnir de tranches de fruits. Si désiré, arroser de sirop d'érable.

Informations nutritionnelles : Calories 628 Lipides : 20,9 g Protéines : 31,4 g Sodium : 96 mg Glucides totaux : 112,3 g Fibres alimentaires : 33,8 g

Portions d'omelette du petit déjeuner : 2

Temps de cuisson : 10 minutes

Ingrédients:

2 œufs battus

1 tige d'oignon vert, haché

½ tasse de champignons, tranchés

1 poivron rouge, coupé en dés

1 cuillère à café d'assaisonnement aux herbes

Les directions:

1. Battre les œufs dans un bol. Incorporer le reste des ingrédients.

2. Versez le mélange d'œufs dans un petit plat allant au four. Ajoutez la casserole au panier de la friteuse à air.

3. Cuire dans le panier de la friteuse à air à 350 degrés F pendant 10 minutes.

<u>Informations nutritionnelles :</u> Calories 210 Glucides : 5g Lipides : 14g Protéines : 15g

Portions de pain sandwich au blé entier : 12

Temps de cuisson : 3 heures, 20 minutes

Ingrédients:

Farine de blé entier blanche – 3,5 tasses

Huile d'olive extra vierge – 0,25 tasse

Pâte de dattes – 0,25 tasse

Lait au choix, chaud – 1,125 tasse

Sel de mer - 1,25 cuillère à café

Levure sèche active – 2,5 cuillères à café

Les directions:

1. Préparez un moule à pain de neuf pouces sur cinq en le recouvrant de papier sulfurisé, puis en le graissant légèrement.

2. Dans un grand plat à mélanger de cuisine, mélangez tous vos ingrédients à l'aide d'une spatule. Une fois combiné, laissez reposer le contenu pendant trente minutes.

3. Commencez à pétrir votre pâte jusqu'à ce qu'elle soit douce, extensible et souple—

environ sept minutes. Vous pouvez pétrir à la main, mais l'utilisation d'un batteur sur socle et d'un crochet pétrisseur est la méthode la plus simple.

4. Avec la pâte pétrie dans son plat de mélange précédemment utilisé, couvrez le plat de mélange avec du plastique de cuisine ou un torchon propre et humide dans un endroit chaud pour qu'il augmente jusqu'à ce qu'il double de volume, environ une heure ou deux.

5. Dégazez doucement votre pâte et façonnez-la en une belle bûche avant de la placer dans votre moule à pain préparé. Couvrez la casserole avec le plastique ou la serviette précédemment utilisé et laissez-la lever dans l'espace chaud jusqu'à ce qu'elle ait doublé de taille, encore une heure ou deux.

6. Lorsque le pain a presque fini de lever, chauffez votre four à 350 degrés Fahrenheit.

7. Retirez le revêtement de votre pain levé et placez le pain au milieu de votre four chaud. Déposez délicatement du papier aluminium sur le pain sans le dégonfler, pour éviter qu'il ne brunisse trop vite. Laissez le pain cuire de cette manière pendant trente-cinq à quarante minutes avant de retirer le papier d'aluminium et de continuer à cuire le pain pendant vingt minutes. Le pain est prêt lorsqu'il est d'une magnifique couleur dorée et sonne creux lorsque vous frappez dessus.

8. Laissez refroidir le pain de mie complet dans le moule pendant cinq minutes avant de le retirer du métal et de le transférer sur une grille pour terminer le refroidissement. Laissez le pain refroidir complètement avant de le trancher.

Gyros au poulet effiloché

Ingrédients:

2 oignons moyens, tranchés

6 gousses d'ail, hachées

1 cuillère à café d'arôme citron-poivre

1 cuillère à café d'origan séché

1/2 cuillère à café de piment de la Jamaïque moulu

1/2 tasse d'eau

1/2 tasse de jus de citron

1/4 tasse de vinaigre de vin rouge

2 cuillères à soupe d'huile d'olive

2 livres de poitrines de poulet désossées et sans peau

8 pains pita entiers

Fixations discrétionnaires : sauce tzatziki, romaine déchirée et tomate coupée, concombre et oignon

Les directions:

1. Dans un 3-qt. mijoteuse, consolider les 9 fixations initiales; inclure le poulet. Cuire, sécurisé, à basse température pendant 3-4 heures ou jusqu'à ce que le poulet soit délicat (un thermomètre devrait parcourir au moins 165°).

2. Expulser le poulet de la mijoteuse modérée. Râper avec 2 fourchettes ; revenir à la mijoteuse. À l'aide de pinces, placez le mélange de poulet sur les pains pita. Présenter avec des garnitures.

Portions de soupe aux patates douces : 6

Temps de cuisson : 15 minutes

Ingrédients:

2 cuillères à soupe d'huile d'olive

1 oignon moyen, haché

1 boîte de piments verts

1 cuillère à café de cumin moulu

1 cuillère à café de gingembre moulu

1 cuillère à café de sel de mer

4 tasses de patates douces, pelées et hachées 4 tasses de bouillon de légumes biologique à faible teneur en sodium 2 cuillères à soupe de coriandre fraîche, hachée

6 cuillères à soupe de yaourt grec

Les directions:

1. Faites chauffer l'huile d'olive à feu moyen dans une grande marmite. Ajouter l'oignon et faire revenir jusqu'à ce qu'il soit tendre. Ajouter les piments verts et les assaisonnements et cuire pendant 2 minutes.

2. Incorporer les patates douces et le bouillon de légumes et porter à ébullition.

3. Laisser mijoter dans les 15 minutes.

4. Incorporer la coriandre hachée.

5. Mélanger la moitié de la soupe jusqu'à consistance lisse. Remettez-le dans la casserole avec le reste de soupe.

6. Assaisonner avec du sel de mer supplémentaire si désiré et garnir d'une cuillerée de yogourt grec.

<u>Informations nutritionnelles :</u> Glucides totaux 33g Fibres alimentaires : 5g Protéines : 6g Lipides totaux : 5g Calories : 192

Bols de burrito au quinoa :

1 formule Coriandre Lime Quinoa

Pour les haricots noirs :

1 boîte de haricots noirs

1 cuillère à café de cumin moulu

1 cuillère à café d'origan séché

sel, au goût

Pour le pico de gallo de tomates cerises :

1 16 onces de tomates cerises ou raisins sèches, coupées en quartiers 1/2 tasse d'oignon rouge coupé en dés

1 cuillère à soupe de piment jalapeño émincé, (côtes et graines expulsées, à tout moment)

1/2 tasse de coriandre croustillante fendue

2 cuillères à soupe de jus de citron vert

sel, au goût

Pour les fixations :

jalapenos séchés coupés

1 avocat, coupé en dés

Les directions:

1. Préparez le quinoa à la coriandre et au citron vert et gardez-le au chaud.

2. Dans un petit récipient à sauce, réunir les haricots noirs et leur jus avec le cumin et l'origan à feu moyen. Mélanger périodiquement jusqu'à ce que les haricots soient chauds. Goûtez et ajoutez du sel, quand vous le souhaitez.

3. Consolidez les éléments pour la tomate cerise pico de gallo dans un bol et jetez bien.

4. Pour préparer les bols à burrito, répartissez le quinoa à la coriandre et au citron vert entre quatre plats. Inclure un quart des haricots noirs à chacun. Garnir de pico de gallo de tomates cerises, de jalapenos marinés coupés et d'avocat.

Apprécier!

5. Remarque :

6. L'intégralité des composants de ces plats peuvent être préparés tôt et amassés lorsqu'ils sont prêts à manger. Vous pouvez soit réchauffer le quinoa et les haricots, soit les apprécier à température ambiante. J'aime provoquer les segments tout au long de la semaine afin de pouvoir apprécier les bols de quinoa burrito pour le déjeuner pendant la semaine.

Broccolini aux amandes Portions : 6

Temps de cuisson : 5 minutes

Ingrédients:

1 piment rouge frais, épépiné et haché finement 2 bouquets de broccolini, parés

1 cuillère à soupe d'huile d'olive extra vierge

2 gousses d'ail, tranchées finement

1/4 tasse d'amandes naturelles, hachées grossièrement

2 cuillères à café de zeste de citron finement râpé

4 anchois à l'huile, hachés

Un filet de jus de citron frais

Les directions:

1. Préchauffer un peu d'huile dans une poêle. Ajouter 2 cuillères à café de zeste de citron, les anchois égouttés, le piment finement haché et des gants tranchés finement.

Cuire environ 30 secondes en remuant constamment.

2. Ajouter 1/4 tasse d'amandes hachées grossièrement et cuire pendant une minute.

Éteignez le feu et ajoutez du jus de citron sur le dessus.

3. Placez le panier vapeur sur une casserole avec de l'eau frémissante. Ajouter le broccolini dans un panier et le couvrir.

4. Cuire jusqu'à ce qu'ils soient tendres et croquants, pendant environ 3-4 minutes. Égoutter puis transférer dans le plat de service.

5. Garnir du mélange d'amandes et déguster !

Informations nutritionnelles : 414 calories 6,6 g de lipides 1,6 g de glucides totaux 5,4 g de protéines

Plat de quinoa :

1/2 tasse de quinoa, sec

2 cuillères à soupe d'huile d'avocat ou de noix de coco

2 gousses d'ail, écrasées

1/2 tasse de maïs, en conserve ou solidifié

3 gros poivrons, émincés

1/2 piment jalapeño moyen, épépiné et émincé 1 cuillère à soupe de cumin

Contenant de 15 oz de haricots noirs, rincés et épuisés 1 tasse de coriandre, finement hachée et répartie 1/2 tasse d'oignons verts, finement hachés et répartis 2 tasses de cheddar Tex Mex, détruit et séparé 3/4 tasse de lait de coco en conserve

1/4 cuillère à café de sel

Les directions:

1. Cuire le quinoa selon les instructions du paquet et le mettre dans un endroit sûr. Préchauffer le gril à 350 degrés F.

2. Préchauffer une énorme poêle antiadhésive en argile à feu moyen et faire tourner l'huile pour couvrir. Inclure l'ail et cuire pendant 30 secondes, en mélangeant habituellement. Inclure le maïs, les piments carillon, les

jalapenos et le cumin. Mélanger et faire sauter sans être dérangé pendant 3 minutes, mélanger à nouveau et faire sauter pendant 3 minutes supplémentaires.

3. Passez dans un grand bol à mélanger avec du quinoa cuit, des haricots noirs, 3/4 tasse de coriandre, 1/4 tasse d'oignons verts, 1/2 tasse de cheddar, du lait de coco et du sel. Bien mélanger, passer au plat de préparation 8 x 11, saupoudrer de rester 1/2 tasse de cheddar et chauffer pendant 30 minutes révélé.

4. Sortez du gril, saupoudrez de 1/4 tasse de coriandre et 1/4 tasse d'oignons verts. Servir tiède

Portions de salade aux œufs Clean Eating : 2

Temps de cuisson : 0 minutes

Ingrédients:

6 œufs de pâturage bio, durs

1 avocat

¼ tasse de yaourt grec

2 cuillères à soupe de mayonnaise à l'huile d'olive

1 cuillère à café d'aneth frais

Sel de mer au goût

Laitue pour servir

Les directions:

1. Écrasez les œufs durs et l'avocat ensemble.

2. Ajoutez le yaourt grec, la mayonnaise à l'huile d'olive et l'aneth frais.

3. Assaisonner avec du sel marin. Servir sur un lit de laitue.

<u>Informations nutritionnelles :</u> Glucides totaux 18g Fibres alimentaires : 10g Protéines : 23g Lipides totaux : 38g Calories : 486

Portions de chili aux haricots blancs : 4

Temps de cuisson : 20 minutes

Ingrédients:

¼ tasse d'huile d'olive extra vierge

2 petits oignons, coupés en dés de ¼ de pouce

2 branches de céleri, tranchées finement

2 petites carottes, pelées et tranchées finement

2 gousses d'ail, hachées

2 cuillères à café de cumin moulu

1½ cuillères à café d'origan séché

1 cuillère à café de sel

¼ cuillère à café de poivre noir fraîchement moulu

3 tasses de bouillon de légumes

1 boîte (15½ onces) de haricots blancs, égouttés et rincés ¼ de persil plat frais finement haché

2 cuillères à café de zeste de citron râpé ou émincé

Les directions:

1. Faites chauffer l'huile à feu vif dans un faitout.

2. Ajouter les oignons, le céleri, les carottes et l'ail et faire sauter jusqu'à ce qu'ils ramollissent, 5 à 8 minutes.

3. Ajouter le cumin, l'origan, le sel et le poivre et faire sauter pour griller les épices, environ 1 minute.

4. Mettez le bouillon et faites bouillir.

5. Laisser mijoter, ajouter les haricots et cuire, partiellement couvert et en remuant de temps en temps, pendant 5 minutes pour développer les saveurs.

6. Mélanger le persil et le zeste de citron et servir.

<u>Informations nutritionnelles :</u> Calories 300 Total Lipides : 15g Total Glucides : 32g Sucre : 4g Fibres : 12g Protéines : 12g Sodium : 1183mg

Portions de thon au citron : 4

Temps de cuisson : 18 minutes

Ingrédients:

4 steaks de thon

1 cuillère à soupe d'huile d'olive

½ cuillère à café de paprika fumé

¼ cuillère à café de grains de poivre noir, concassés

Jus de 1 citron

4 oignons verts, hachés

1 cuillère à soupe de ciboulette, hachée

Les directions:

1. Faire chauffer une poêle avec l'huile à feu moyen-vif, ajouter les oignons verts et faire revenir 2 minutes.

2. Ajouter les steaks de thon et les saisir 2 minutes de chaque côté.

3. Ajouter le reste des ingrédients, mélanger délicatement, introduire le moule dans le four et cuire à 360 degrés F pendant 12 minutes.

4. Répartir le tout dans les assiettes et servir pour le déjeuner.

<u>Informations nutritionnelles :</u> calories 324, lipides 1, fibres 2, glucides 17, protéines 22

Tilapia aux asperges et à la courge poivrée

Portions : 4

Temps de cuisson : 30 minutes

Ingrédients:

2 cuillères à soupe d'huile d'olive extra vierge

1 courge poivrée moyenne, épépinée et tranchée finement ou en quartiers d'asperges de 1 livre, parées des extrémités ligneuses et coupées en morceaux de 2 pouces

1 grosse échalote, émincée

Filets de tilapia d'une livre

½ tasse de vin blanc

1 cuillère à soupe de persil plat frais haché 1 cuillère à café de sel

¼ cuillère à café de poivre noir fraîchement moulu

Les directions:

1. Préchauffer le four à 400°F. Graisser la plaque à pâtisserie avec l'huile.

2. Disposer la courge, les asperges et l'échalote en une seule couche sur la plaque à pâtisserie. Rôtir dans les 8 à 10 minutes.

3. Mettez le tilapia et ajoutez le vin.

4. Saupoudrer de persil, de sel et de poivre.

5. Rôtir dans les 15 minutes. Retirer, puis laisser reposer 5 minutes et servir.

<u>Informations nutritionnelles :</u> Calories 246 Lipides totaux : 8g Glucides totaux : 17g Sucre : 2g Fibres : 4g Protéines : 25g Sodium : 639mg

Garniture de poulet au four avec des olives, des tomates et du basilic

Portions : 4

Temps de cuisson : 45 minutes

Ingrédients:

8 cuisses de poulet

Petites tomates italiennes

1 cuillère à soupe de poivre noir et de sel

1 cuillère à soupe d'huile d'olive

15 feuilles de basilic (grandes)

Petites olives noires

1-2 flocons de piment rouge frais

Les directions:

1. Faites mariner les morceaux de poulet avec toutes les épices et l'huile d'olive et laissez-le pendant un certain temps.

2. Assembler les morceaux de poulet dans une poêle à rebord avec des tomates, des feuilles de basilic, des olives et des flocons de piment.

3. Cuire ce poulet dans un four déjà préchauffé (à 220C) pendant 40 minutes.

4. Cuire jusqu'à ce que le poulet soit tendre, que les tomates, le basilic et les olives soient cuits.

5. Garnissez-le de persil frais et de zeste de citron.

<u>Informations nutritionnelles :</u> Calories 304 Glucides : 18g Lipides : 7g Protéines : 41g

Portions de ratatouille : 8

Temps de cuisson : 25 minutes

Ingrédients:

1 courgette, moyenne et coupée en dés

3 cuillères à soupe. Huile d'olive vierge extra

2 poivrons, coupés en dés

1 courge jaune, moyenne et coupée en dés

1 oignon, gros & coupé en dés

28 onces Tomates entières, pelées

1 Aubergine, moyenne et coupée en dés avec la peau sur Sel & Poivre, au besoin

4 brins de thym frais

5 gousses d'ail, hachées

Les directions:

1. Pour commencer, faites chauffer une grande sauteuse à feu moyen-élevé.

2. Une fois chaud, ajoutez-y l'huile, l'oignon et l'ail.

3. Faire revenir le mélange d'oignons pendant 3 à 5 minutes ou jusqu'à ce qu'il ramollisse.

4. Ensuite, ajoutez l'aubergine, le poivre, le thym et le sel dans la poêle. Bien mélanger.

5. Maintenant, faites cuire encore 5 minutes ou jusqu'à ce que l'aubergine ramollisse.

6. Ensuite, ajoutez les courgettes, les poivrons et la courge dans la poêle et poursuivez la cuisson pendant 5 minutes supplémentaires. Ensuite, incorporez les tomates et mélangez bien.

7. Une fois que tout est ajouté, remuez bien jusqu'à ce que tout s'assemble. Laisser mijoter 15 minutes.

8. Enfin, vérifiez l'assaisonnement et ajoutez plus de sel et de poivre si nécessaire.

9. Garnir de persil et de poivre noir moulu.

Informations nutritionnelles : Calories : 103KcalProtéines : 2gGlucides : 12gMatières grasses : 5g

Portions de soupe aux boulettes de poulet : 4

Temps de cuisson : 30 minutes

Ingrédients:

2 livres de poitrine de poulet, sans peau, désossée et émincée 2 cuillères à soupe de coriandre, hachée

2 œufs, battus

1 gousse d'ail, émincée

¼ tasse d'oignons verts, hachés

1 oignon jaune, haché

1 carotte, tranchée

1 cuillère à soupe d'huile d'olive

5 tasses de bouillon de poulet

1 cuillère à soupe de persil, haché

Une pincée de sel et de poivre noir

Les directions:

1. Dans un bol, mélanger la viande avec les œufs et les autres ingrédients sauf l'huile, l'oignon jaune, le bouillon et le persil, mélanger et façonner des boulettes de viande moyennes avec ce mélange.

2. Faites chauffer une casserole avec l'huile à feu moyen, ajoutez l'oignon jaune et les boulettes et faites revenir 5 minutes.

3. Ajouter le reste des ingrédients, mélanger, porter à ébullition et cuire à feu moyen pendant 25 minutes de plus.

4. Versez la soupe dans des bols et servez.

Informations nutritionnelles : calories 200, lipides 2, fibres 2, glucides 14, protéines 12

Salade De Chou Orange Avec Vinaigrette Aux Agrumes

Portions : 8

Temps de cuisson : 0 minutes

Ingrédients:

1 cuillère à café de zeste d'orange, râpé

2 cuillères à soupe de bouillon de légumes à teneur réduite en sodium 1 cuillère à café chacune de vinaigre de cidre

4 tasses de chou rouge, râpé

1 cuillère à café de jus de citron

1 bulbe de fenouil, tranché finement

1 cuillère à café de vinaigre balsamique

1 cuillère à café de vinaigre de framboise

2 cuillères à soupe de jus d'orange frais

2 oranges, pelées, coupées en morceaux

1 cuillère à soupe de miel

1/4 cuillère à café de sel

Poivre fraîchement moulu

4 cuillères à café d'huile d'olive

Les directions:

1. Mettez le jus de citron, le zeste d'orange, le vinaigre de cidre, le sel et le poivre, le bouillon, l'huile, le miel, le jus d'orange, le vinaigre balsamique et la framboise dans un bol et fouettez.

2. Extraire les oranges, le fenouil et le chou. Mélanger pour enrober.

Informations nutritionnelles : Calories 70 Glucides : 14g Lipides : 0g Protéines : 1g

Portions de tempeh et légumes-racines : 4

Temps de cuisson : 30 minutes

Ingrédients:

1 cuillère à soupe d'huile d'olive extra vierge

1 grosse patate douce, en dés

2 carottes, tranchées finement

1 bulbe de fenouil, paré et coupé en dés de de pouce 2 cuillères à café de gingembre frais émincé

1 gousse d'ail, émincée

12 onces de tempeh, coupé en dés de ½ pouce

½ tasse de bouillon de légumes

1 cuillère à soupe de tamari ou de sauce soja sans gluten 2 oignons verts, tranchés finement

Les directions:

1. Préchauffer le four à 400°F. Graisser une plaque à pâtisserie avec l'huile.

2. Disposer la patate douce, les carottes, le fenouil, le gingembre et l'ail en une seule couche sur la plaque à pâtisserie.

3. Cuire au four jusqu'à ce que les légumes aient ramolli, environ 15 minutes.

4. Ajouter le tempeh, le bouillon et le tamari.

5. Cuire à nouveau jusqu'à ce que le tempeh soit bien chaud et légèrement doré 10 à 15 minutes.

6. Ajouter les oignons verts, bien mélanger et servir.

<u>Informations nutritionnelles :</u> Calories 276 Total Lipides : 13g Total Glucides : 26g Sucre : 5g Fibres : 4g Protéines : 19g Sodium : 397mg

Portions de soupe verte : 2

Temps de cuisson : 5 minutes

Ingrédients:

1 tasse d'eau

1 tasse d'épinards, frais et emballés

½ de 1 citron, pelé

1 courgette, petite et hachée

2 cuillères à soupe. Persil, frais et haché

1 branche de céleri, hachée

Sel de mer et poivre noir, au besoin

½ de 1 avocat, mûr

¼ tasse de basilic

2 cuillères à soupe. Graines de Chia

1 gousse d'ail, émincée

Les directions:

1. Pour préparer cette soupe facile à mélanger, placez tous les ingrédients dans un mélangeur à grande vitesse et mélangez pendant 3 minutes ou jusqu'à consistance lisse.

2. Ensuite, vous pouvez le servir froid, ou vous pouvez le réchauffer à feu doux pendant quelques minutes.

Informations nutritionnelles : Calories : 250KcalProtéines : 6,9gGlucides : 18,4gMatières grasses : 18,1g

Crevettes-lime au four avec courgettes et maïs

Portions : 4

Temps de cuisson : 20 minutes

Ingrédients:

1 cuillère à soupe d'huile d'olive extra vierge

2 petites courgettes, coupées en dés de de pouce

1 tasse de grains de maïs surgelés

2 oignons verts, tranchés finement

1 cuillère à café de sel

½ cuillère à café de cumin moulu

½ cuillère à café de poudre de chili chipotle

1 livre de crevettes décortiquées, décongelées si nécessaire

1 cuillère à soupe de coriandre fraîche hachée finement

Zeste et jus de 1 citron vert

Les directions:

1. Préchauffer le four à 400°F. Graisser la plaque à pâtisserie avec l'huile.

2. Sur la plaque à pâtisserie, mélanger les courgettes, le maïs, les oignons verts, le sel, le cumin et la poudre de chili et bien mélanger. Disposer en une seule couche.

3. Ajouter les crevettes sur le dessus. Rôtir dans les 15 à 20 minutes.

4. Mettez la coriandre et le zeste et le jus de lime, mélangez et servez.

Informations nutritionnelles : Calories 184 Total Lipides : 5g Glucides Total : 11g Sucre : 3g Fibres : 2g Protéines : 26g Sodium : 846mg

Portions de soupe au chou-fleur : 10

Temps de cuisson : 10 minutes

Ingrédients:

tasse d'eau

2 cuillères à café d'huile d'olive

1 oignon, coupé en dés

1 tête de chou-fleur, seulement les fleurons

1 boîte de lait de coco entier

1 cuillère à café de curcuma

1 cuillère à café de gingembre

1 cuillère à café de miel brut

Les directions:

1. Mettez toutes les fixations dans une grande marmite et faites bouillir pendant environ 10

minutes.

2. Utilisez un mélangeur à immersion pour mélanger et rendre la soupe lisse.

Servir.

<u>Informations nutritionnelles :</u> Glucides totaux 7g Fibres alimentaires : 2g Glucides nets : Protéines : 2g Lipides totaux : 11g Calories : 129

Portions de hamburgers à la patate douce et aux haricots noirs : 6

Temps de cuisson : 10 minutes

Ingrédients:

1/2 jalapeno, épépiné et coupé en dés

1/2 tasse de quinoa

6 pains à hamburger de grains entiers

1 boîte de haricots noirs, rincés et égouttés

Huile d'olive/huile de coco, pour la cuisson

1 patate douce

1/2 tasse d'oignon rouge, coupé en dés

4 cuillères à soupe de farine d'avoine sans gluten

2 gousses d'ail, hachées

2 cuillères à café d'assaisonnement cajun épicé

1/2 tasse de coriandre, hachée

1 cuillère à café de cumin

Choux

Sel, au goût

Poivre à goûter

Pour la crème :

2 cuillères à soupe de coriandre, hachée

1/2 avocat mûr, coupé en dés

4 cuillères à soupe de crème sure faible en gras/yogourt grec nature 1 cuillère à café de jus de citron vert

Les directions:

1. Rincez le quinoa sous l'eau froide courante. Mettez une tasse d'eau dans une casserole et faites-la chauffer. Ajouter le quinoa et porter à ébullition.

2. Couvrir, puis laisser mijoter à feu doux jusqu'à ce que toute l'eau soit absorbée, pendant environ 15 minutes.

3. Éteignez le feu et égrainez le quinoa avec une fourchette. Transférez ensuite le quinoa dans un bol et laissez-le refroidir pendant 5 à 10 minutes.

4. Piquez la pomme de terre avec une fourchette, puis passez au micro-ondes pendant quelques minutes, jusqu'à ce qu'elle soit bien cuite et molle. Une fois cuite, épluchez la pomme de terre et laissez-la refroidir.

5. Ajoutez la pomme de terre cuite dans un robot culinaire avec 1 boîte de haricots noirs, ½ tasse de coriandre hachée, 2 cuillères à café d'assaisonnement cajun, ½ tasse d'oignon en dés, 1 cuillère à café de cumin et 2 gousses d'ail émincées.

Pulser jusqu'à l'obtention d'un mélange homogène. Transférez-le dans un bol et ajoutez le quinoa cuit.

6. Ajouter la farine d'avoine/le son d'avoine. Bien mélanger et façonner en 6 galettes. Déposer les galettes sur une plaque à pâtisserie et réfrigérer environ une demi-heure.

7. Ajouter tous les ingrédients Crema dans un robot culinaire. Pulser jusqu'à consistance lisse. Ajuster le sel au goût et réfrigérer.

8. Graisser une poêle avec de l'huile et la chauffer à feu moyen.

Cuire chaque côté des galettes jusqu'à ce qu'elles soient légèrement dorées, juste pendant 3-4 minutes.

Servir avec de la crème, des choux, des petits pains et avec l'une de vos garnitures préférées.

<u>Informations nutritionnelles :</u> 206 calories 6 g de lipides 33,9 g de glucides totaux 7,9 g de protéines

Portions de soupe aux champignons à la noix de coco : 3

Temps de cuisson : 10 minutes

Ingrédients:

1 cuillère à soupe d'huile de coco

1 cuillère à soupe de gingembre moulu

1 tasse de champignons cremini, hachés

½ cuillère à café de curcuma

2 et ½ tasses d'eau

½ tasse de lait de coco en conserve

Sel de mer au goût

Les directions:

1. Faites chauffer l'huile de noix de coco à feu moyen dans une grande casserole et ajoutez les champignons. Cuire 3-4 minutes.

2. Mettez les fixations restantes et faites bouillir. Laisser mijoter 5 minutes.

3. Répartissez entre trois bols à soupe et dégustez !

Informations nutritionnelles : Glucides totaux 4g Fibres alimentaires : 1g Protéines : 2g Lipides totaux : 14g Calories : 143

Portions de salade de fruits de style hiver : 6

Temps de cuisson : 0 minutes

Ingrédients:

4 patates douces cuites, coupées en cubes (cubes de 1 pouce) 3 poires, coupées en cubes (cubes de 1 pouce)

1 tasse de raisins, coupés en deux

1 pomme, en cubes

½ tasse de moitiés de noix de pécan

2 cuillères à soupe d'huile d'olive

1 cuillère à soupe de vinaigre de vin rouge

2 cuillères à soupe de miel brut

Les directions:

1. Mélangez l'huile d'olive, le vinaigre de vin rouge, puis le miel brut pour faire la vinaigrette, et réservez.

2. Mélangez les moitiés de fruits hachés, de patate douce et de noix de pécan et répartissez-les dans six bols de service. Arroser chaque bol avec la vinaigrette.

<u>Informations nutritionnelles :</u> Glucides totaux 40g Fibres alimentaires : 6g Protéines : 3g Lipides totaux : 11g Calories : 251

Cuisses de poulet rôties au miel avec carottes

Portions : 4

Temps de cuisson : 50 minutes

Ingrédients:

2 cuillères à soupe de beurre non salé, à température ambiante 3 grosses carottes, tranchées finement

2 gousses d'ail, hachées

4 hauts de cuisse de poulet avec os et peau

1 cuillère à café de sel

½ cuillère à café de romarin séché

¼ cuillère à café de poivre noir fraîchement moulu

2 cuillères à soupe de miel

1 tasse de bouillon de poulet ou de bouillon de légumes

Quartiers de citron, pour servir

Les directions:

1. Préchauffer le four à 400°F. Graisser la plaque à pâtisserie avec le beurre.

2. Disposer les carottes et l'ail en une seule couche sur la plaque à pâtisserie.

3. Mettez le poulet, côté peau vers le haut, sur les légumes et assaisonnez avec le sel, le romarin et le poivre.

4. Mettez le miel sur le dessus et ajoutez le bouillon.

5. Rôtir dans les 40 à 45 minutes. Retirer, puis laisser reposer 5 minutes et servir avec des quartiers de citron.

<u>Informations nutritionnelles :</u> Calories 428 Total Lipides : 28g Total Glucides : 15g Sucre : 11g Fibres : 2g Protéines : 30g Sodium : 732mg

Portions de chili à la dinde : 8

Temps de cuisson : 4 heures et 10 minutes

Ingrédients:

1 livre de dinde hachée, de préférence 99% maigre

2 boîtes de haricots rouges, rincés et égouttés (15 oz chacun) 1 poivron rouge, haché

2 boîtes de sauce tomate (15 oz chacune)

1 pot de piments jalapenos apprivoisés tranchés en charcuterie, égouttés (16 oz) 2 boîtes de petites tomates, coupées en dés (15 oz chacune) 1 cuillère à soupe de cumin

1 poivron jaune, haché grossièrement

2 boîtes de haricots noirs, de préférence rincés et égouttés (15 oz chacun) 1 tasse de maïs, surgelé

2 cuillères à soupe de poudre de chili

1 cuillère à soupe d'huile d'olive

Poivre noir et sel au goût

1 oignon moyen, coupé en dés

Oignons verts, avocat, fromage râpé, yogourt grec/crème sure, pour garnir, facultatif

Les directions:

1. Chauffer l'huile jusqu'à ce qu'elle soit chaude dans une grande poêle. Une fois cela fait, placez soigneusement la dinde dans la poêle chaude et faites cuire jusqu'à ce qu'elle brunisse. Versez la dinde dans le fond de votre mijoteuse, de préférence 6 litres.

2. Ajouter les jalapeños, le maïs, les poivrons, l'oignon, les tomates en dés, la sauce tomate, les haricots, le cumin et la poudre de chili. Mélanger, puis mettre du poivre et du sel au goût.

3. Couvrir et cuire 6 heures à feu doux ou 4 heures à feu vif.

Servir avec les garnitures facultatives et déguster.

Informations nutritionnelles : kcal 455 Lipides : 9 g Fibres : 19 g Protéines : 38 g

Soupe de lentilles aux épices Portions : 5

Temps de cuisson : 25 minutes

Ingrédients:

1 tasse d'oignon jaune (coupé en cubes)

1 tasse de carottes (coupées en cubes)

1 tasse de navet

2 cuillères à soupe d'huile d'olive extra vierge

2 cuillères à soupe de vinaigre balsamique

4 tasses de bébés épinards

2 tasses de lentilles brunes

Tasse de persil frais

Les directions:

1. Préchauffer l'autocuiseur à feu moyen et y ajouter l'huile d'olive et les légumes.

2. Après 5 minutes, ajoutez le bouillon, les lentilles et le sel dans la casserole et laissez mijoter pendant 15 minutes.

3. Retirez le couvercle et ajoutez-y les épinards et le vinaigre.

4. Remuez la soupe pendant 5 minutes et éteignez le feu.

5. Garnissez-le de persil frais.

Informations nutritionnelles : Calories 96 Glucides : 16g Lipides : 1g Protéines : 4g

Portions de poulet et de légumes à l'ail : 4

Temps de cuisson : 45 minutes

Ingrédients:

2 cuillères à café d'huile d'olive extra vierge

1 poireau, partie blanche seulement, tranché finement

2 grosses courgettes, coupées en tranches de ¼ de pouce

4 poitrines de poulet avec os et peau

3 gousses d'ail, hachées

1 cuillère à café de sel

1 cuillère à café d'origan séché

¼ cuillère à café de poivre noir fraîchement moulu

½ tasse de vin blanc

Jus de 1 citron

Les directions:

1. Préchauffer le four à 400°F. Graisser la plaque à pâtisserie avec l'huile.

2. Placer le poireau et les courgettes sur la plaque à pâtisserie.

3. Mettez le poulet, peau vers le haut, et saupoudrez d'ail, de sel, d'origan et de poivre. Ajouter le vin.

4. Rôtir dans les 35 à 40 minutes. Retirer et laisser reposer 5 minutes.

5. Ajouter le jus de citron et servir.

Informations nutritionnelles : Calories 315 Matières grasses totales : 8g Glucides totaux : 12g Sucre : 4g Fibres : 2g Protéines : 44g Sodium : 685mg

Portions de salade de saumon fumé : 4

Temps de cuisson : 20 minutes

Ingrédients:

2 petits bulbes de fenouil, tranchés finement, quelques feuilles réservées 1 cuillère à soupe de petites câpres salées, rincées, égouttées ½ tasse de yaourt nature

2 cuillères à soupe de persil haché

1 cuillère à soupe de jus de citron, fraîchement pressé

2 cuillères à soupe de ciboulette fraîche, hachée

1 cuillère à soupe d'estragon frais haché

180g de saumon fumé tranché, faible en sel

½ oignon rouge, tranché finement

1 cuillère à café de zeste de citron finement râpé

½ tasse de lentilles vertes françaises, rincées

60g de pousses d'épinards frais

½ avocat, tranché

Une pincée de sucre en poudre

Les directions:

1. Mettez de l'eau dans une grande casserole avec de l'eau et faites bouillir à feu modéré. Une fois bouillante; cuire les lentilles jusqu'à tendreté, pendant 20 minutes; bien égoutter.

2. Pendant ce temps, faites chauffer à l'avance une poêle à charbon à feu vif.

Vaporiser les tranches de fenouil avec un peu d'huile et cuire jusqu'à tendreté, pendant 2

minutes de chaque côté.

3. Mélanger la ciboulette, le persil, le yogourt, l'estragon, le zeste de citron et les câpres dans un robot culinaire jusqu'à ce qu'ils soient complètement lisses, puis assaisonner de poivre au goût.

4. Placez l'oignon avec le sucre, le jus et une pincée de sel dans un grand bol à mélanger. Laisser reposer quelques minutes puis égoutter.

5. Mélanger les lentilles avec l'oignon, le fenouil, l'avocat et les épinards dans un grand bol à mélanger. Répartir uniformément dans les assiettes, puis garnir de poisson. Saupoudrer avec les feuilles de fenouil restantes et plus de persil frais. Arrosez de la vinaigrette de la déesse verte. Prendre plaisir.

<u>Informations nutritionnelles :</u> kcal 368 Lipides : 14 g Fibres : 8 g Protéines : 20 g

Portions de salade Shawarma aux haricots : 2

Temps de cuisson : 20 minutes

Ingrédients:

Pour préparer la salade

20 croustilles pitas

5 onces de laitue printanière

10 tomates cerises

¾ tasse de persil frais

¼ tasse d'oignon rouge (hacher)

Pour les pois chiches

1 cuillère à soupe d'huile d'olive

1 Heading-tbsp cumin et curcuma

½ Tête-à soupe de poudre de paprika et de coriandre 1 Pincée de poivre noir

½ peu de sel casher

c de gingembre et cannelle en poudre

Pour préparer la vinaigrette

3 gousses d'ail

1 cuillère à soupe de perceuse séchée

1 cuillère à soupe de jus de citron vert

L'eau

½ tasse de houmous

Les directions:

1. Placer une grille dans le four déjà préchauffé (204C). Mélanger les pois chiches avec toutes les épices et herbes.

2. Placer une fine couche de pois chiches sur la plaque à pâtisserie et cuire au four presque 20 minutes. Faites-le cuire jusqu'à ce que les haricots soient dorés.

3. Pour préparer la vinaigrette, mélanger tous les ingrédients dans un bol à fouetter et mélanger. Ajouter de l'eau progressivement pour une douceur appropriée.

4. Mélangez toutes les herbes et épices pour préparer la salade.

5. Pour servir, ajoutez des chips de pita et des haricots dans la salade et arrosez de vinaigrette.

Informations nutritionnelles : Calories 173 Glucides : 8g Lipides : 6g Protéines : 19g

Portions de riz frit à l'ananas : 4

Temps de cuisson : 20 minutes

Ingrédients:

2 carottes, pelées et râpées

2 oignons verts, tranchés

3 cuillères à soupe de sauce soja

1/2 tasse de jambon, coupé en dés

1 cuillère à soupe d'huile de sésame

2 tasses d'ananas en conserve/frais, coupé en dés

1/2 cuillère à café de gingembre en poudre

3 tasses de riz brun, cuit

1/4 cuillère à café de poivre blanc

2 cuillères à soupe d'huile d'olive

1/2 tasse de pois surgelés

2 gousses d'ail, hachées

1/2 tasse de maïs surgelé

1 oignon, coupé en dés

Les directions:

1. Mettez 1 cuillère à soupe d'huile de sésame, 3 cuillères à soupe de sauce soja, 2 pincées de poivre blanc et 1/2 cuillère à café de gingembre en poudre dans un bol. Bien mélanger et garder de côté.

2. Préchauffer l'huile dans une poêle. Ajouter l'ail avec l'oignon coupé en dés.

Cuire environ 3-4 minutes en remuant souvent.

3. Ajouter 1/2 tasse de pois surgelés, les carottes râpées et 1/2 tasse de maïs surgelé.

Remuer jusqu'à ce que les légumes soient tendres, juste pendant quelques minutes.

4. Incorporer le mélange de sauce soja, 2 tasses d'ananas en dés, ½ tasse de jambon haché, 3 tasses de riz brun cuit et les oignons verts tranchés.

Cuire environ 2-3 minutes en remuant souvent. Servir!

Informations nutritionnelles : 252 calories 12,8 g de lipides 33 g de glucides totaux 3 g de protéines

Portions de soupe aux lentilles : 2

Temps de cuisson : 30 minutes

Ingrédients:

2 carottes, moyennes et coupées en dés

2 cuillères à soupe. Jus de citron, frais

1 cuillère à soupe. Poudre de curcuma

1/3 tasse de lentilles, cuites

1 cuillère à soupe. Amandes, hachées

1 branche de céleri, coupée en dés

1 bouquet de persil fraîchement haché

1 oignon jaune, gros et haché

Poivre noir, fraîchement moulu

1 panais, moyen et haché

½ c. Poudre de cumin

3 ½ tasses d'eau

½ c. Sel rose de l'Himalaya

4 feuilles de chou frisé, hachées grossièrement

Les directions:

1. Pour commencer, placez les carottes, le panais, une cuillère à soupe d'eau et l'oignon dans une casserole de taille moyenne à feu moyen.

2. Faites cuire le mélange de légumes pendant 5 minutes en le remuant de temps en temps.

3. Ensuite, incorporez-y les lentilles et les épices. Bien mélanger.

4. Après cela, versez de l'eau dans la casserole et portez le mélange à ébullition.

5. Maintenant, réduisez le feu à doux et laissez mijoter pendant 20

minutes.

6. Éteignez le feu et retirez-le du poêle. Ajoutez-y le chou frisé, le jus de citron, le persil et le sel.

7. Ensuite, remuez bien jusqu'à ce que tout s'assemble.

8. Garnissez-le d'amandes et servez chaud.

Informations nutritionnelles : Calories : 242KcalProtéines : 10gGlucides : 46gMatières grasses : 4g

Portions de délicieuse salade de thon : 2

Temps de cuisson : 15 minutes

Ingrédients:

2 boîtes de thon emballé dans de l'eau (5 oz chacune), égoutté ¼ tasse de mayonnaise

2 cuillères à soupe de basilic frais, haché

1 cuillère à soupe de jus de citron, fraîchement pressé

2 cuillères à soupe de poivrons rouges rôtis au feu, hachés ¼ tasse d'olives kalamata ou mélangées, hachées

2 grosses tomates mûries sur pied

1 cuillère à soupe de câpres

2 cuillères à soupe d'oignon rouge, émincé

Poivre et sel au goût

Les directions:

1. Ajouter tous les éléments (sauf les tomates) ensemble dans un grand bol à mélanger ; bien mélanger les ingrédients jusqu'à ce qu'ils soient bien mélangés.

Coupez les tomates en six puis soulevez-les doucement pour les ouvrir. Verser le mélange de salade de thon préparé au milieu; servez aussitôt et dégustez.

<u>Informations nutritionnelles :</u> kcal 405 Lipides : 24 g Fibres : 3,2 g Protéines : 37 g

Portions d'aïoli aux œufs : 12

Temps de cuisson : 0 minutes

Ingrédients:

2 jaunes d'oeufs

1 ail, râpé

2 cuillères à soupe. l'eau

½ tasse d'huile d'olive extra vierge

¼ tasse de jus de citron, fraîchement pressé, sans les pépins ¼ c. sel de mer

Un peu de poudre de poivre de cayenne

Pincée de poivre blanc, au gout

Les directions:

1. Versez l'ail, les jaunes d'œufs, le sel et l'eau dans le mélangeur ; processus jusqu'à consistance lisse. Mettez dans l'huile d'olive dans un filet lent jusqu'à ce que la vinaigrette émulsionne.

2. Ajouter le reste des ingrédients. Goût; rectifier l'assaisonnement si besoin.

Verser dans un contenant hermétique; utiliser au besoin.

Informations nutritionnelles : Calories 100 Glucides : 1g Lipides : 11g Protéines : 0g

Pâtes spaghetti avec sauce aux champignons et aux herbes Ingrédients :

200 grammes/6,3 oz autour d'une grande portion d'un paquet de spaghettis minces de blé *

140 grammes de champignons tranchés nettoyés 12-15 pièces*

¼ tasse de crème

3 tasses de lait

2 cuillères à soupe d'huile d'olive de cuisson en plus de 2 cuillères à café d'huile ou de margarine liquéfiée pour inclure à mi-chemin 1,5 cuillère à soupe de farine

½ tasse d'oignons émincés

¼ à ½ tasse de cheddar parmesan moulu croustillant

Quelques morceaux de poivre noir

Sel au goût

2 cuillères à café de thym séché ou nouveau *

Bouquet de feuilles de basilic nouveau chiffonnade

Les directions:

1. Cuire les pâtes encore un peu fermes comme indiqué par le paquet.

2. Pendant que les pâtes cuisent, nous devrions commencer à préparer la sauce.

3. Réchauffez les 3 tasses de lait au micro-ondes pendant 3 minutes ou sur la cuisinière jusqu'à l'obtention d'un ragoût.

4. En même temps, faites chauffer 2 cuillères à soupe d'huile dans un récipient antiadhésif à feu moyen-vif et faites cuire les champignons coupés en deux. Cuire environ 2

minutes.

5. Dès le départ, les champignons évacueront un peu d'eau, puis elles s'évaporeront à la longue et deviendront fraîches chacune.

6. Diminuez maintenant le feu à moyen, ajoutez les oignons et faites cuire pendant 1 minute.

7. Inclure actuellement 2 cuillères à café de pâte à tartiner ramollie et saupoudrer de farine.

8. Mélanger pendant 20 secondes.

9. Inclure le lait chaud en mélangeant constamment pour former une sauce lisse.

10. Lorsque la sauce s'épaissit, c'est-à-dire devient un ragoût, éteignez le feu.

11. Inclure actuellement ¼ tasse de cheddar parmesan moulu. Mélanger jusqu'à consistance lisse. Pendant 30 secondes.

12. Comprennent actuellement le sel, le poivre et le thym.

13. Faites un essai. Modifier l'arôme si nécessaire.

14. Dans l'intervalle, les pâtes doivent bouillonner encore un peu fermes.

15. Filtrez l'eau chaude dans une passoire. Laissez couler le robinet et versez de l'eau froide pour arrêter la cuisson, canalisez toute l'eau et jetez-la avec la sauce.

16. Si vous ne mangez pas rapidement, ne mélangez pas les pâtes dans la sauce. Gardez les pâtes séparées, recouvertes d'huile et sécurisées.

17. Servir chaud avec plus de saupoudrer de cheddar parmesan.

Apprécier!

Soupe au riz brun et au miso shitaké aux oignons verts

Portions : 4

Temps de cuisson : 45 minutes

Ingrédients:

2 cuillères à soupe d'huile de sésame

1 tasse de chapeaux de champignons shiitake tranchés finement

1 gousse d'ail, émincée

1 morceau (1½ pouce) de gingembre frais, pelé et tranché 1 tasse de riz brun à grains moyens

½ cuillère à café de sel

1 cuillère à soupe de miso blanc

2 oignons verts, tranchés finement

2 cuillères à soupe de coriandre fraîche hachée finement <u>Les directions:</u>

1. Faites chauffer l'huile à feu moyen-vif dans une grande casserole.

2. Ajouter les champignons, l'ail et le gingembre et faire sauter jusqu'à ce que les champignons commencent à ramollir environ 5 minutes.

3. Mettez le riz et remuez pour l'enrober d'huile uniformément. Ajouter 2 tasses d'eau et le sel et faire bouillir.

4. Laisser mijoter dans les 30 à 40 minutes. Utilisez un peu de bouillon de soupe pour ramollir le miso, puis remuez-le dans la casserole jusqu'à ce qu'il soit bien mélangé.

5. Incorporer les oignons verts et la coriandre, puis servir.

Informations nutritionnelles : Calories 265 Lipides totaux : 8g Glucides totaux : 43g Sucre : 2g Fibres : 3g Protéines : 5g Sodium : 456mg

Truite de mer au barbecue avec vinaigrette à l'ail et au persil

Portions : 8

Temps de cuisson : 25 minutes

Ingrédients:

3 ½ livres de filet de truite, de préférence de la truite de mer, désossée, avec la peau

4 gousses d'ail, tranchées finement

2 cuillères à soupe de câpres, hachées grossièrement

½ tasse de feuilles de persil plat, frais

1 piment rouge, de préférence long; tranché finement 2 cuillères à soupe de jus de citron, fraîchement pressé ½ tasse d'huile d'olive

Quartiers de citron, pour servir

Les directions:

1. Badigeonner la truite d'environ 2 cuillères à soupe d'huile; assurez-vous que tous les côtés sont bien enduits. Préchauffez votre barbecue à feu vif, de préférence avec une hotte fermée. Baisser le feu à moyen; placer la

truite enrobée sur la plaque du barbecue, de préférence côté peau. Cuire jusqu'à ce qu'ils soient partiellement cuits et dorés, pendant quelques minutes. Retournez soigneusement la truite; cuire jusqu'à cuisson complète, pendant 12 à 15 minutes, avec le capot fermé. Transférer le filet dans un grand plat de service.

2. Pendant ce temps, faites chauffer le reste d'huile; l'ail à feu doux dans une petite casserole jusqu'à ce qu'il soit tout juste chaud; l'ail commence à changer de couleur. Retirer, puis incorporer les câpres, le jus de citron, le piment.

Arroser la truite avec la vinaigrette préparée puis saupoudrer de feuilles de persil frais. Servir immédiatement avec des quartiers de citron frais, déguster.

Informations nutritionnelles : kcal 170 Lipides : 30 g Fibres : 2 g Protéines : 37 g

Wraps de chou-fleur et pois chiches au curry

Ingrédients :

1 gingembre frais

2 gousses d'ail

1 boîte de pois chiches

1 oignon rouge

8 onces de fleurons de chou-fleur

1 cuillère à café de Garam Masala

2 cuillères à soupe d'amidon d'arrow-root

1 citron

1 paquet de coriandre fraîche

1/4 tasse de yogourt végétalien

4 enveloppements

3 cuillères à soupe de noix de coco râpée

4 onces de bébés épinards

1 cuillère à soupe d'huile végétale

1 cuillère à café Sel et Poivre Au gout

Les directions:

1. Préchauffer le poêle à 400 °F (205 °C). Eplucher et émincer 1 cuillère à café de gingembre. Émincer l'ail. Canaliser et laver les pois chiches. Eplucher et couper finement l'oignon rouge. Fendre le citron.

2. Enduisez une plaque chauffante d'1 cuillère à soupe d'huile végétale. Dans un énorme bol, consolidez le gingembre émincé, l'ail, le jus d'une grande partie du citron, les pois chiches, l'oignon rouge coupé, les fleurons de chou-fleur, le garam masala, la fécule d'arrow-root et 1/2 cuillère à café de sel. Passez à la plaque de préparation et repassez au gril jusqu'à ce que le chou-fleur soit délicat et sauté par endroits, environ 20 à 25 minutes.

3. Hachez les feuilles de coriandre et les tiges délicates. Dans un petit bol, fouetter ensemble la coriandre, le yaourt, 1 cuillère à soupe de jus de citron et une tache de sel et de poivre.

4. Repérez les enveloppes par du papier d'aluminium et placez-les dans le poêle pour les réchauffer environ 3 à 4 minutes.

5. Placez une petite poêle antiadhésive à feu moyen et incluez la noix de coco détruite. Faire griller en secouant le plat habituellement jusqu'à ce qu'il soit légèrement cuit, environ 2 à 3 minutes.

6. Écartez les épinards pour nourrissons et les légumes cuits entre les enveloppements chauds. Disposer les wraps de chou-fleur aux pois chiches sur d'énormes assiettes et saupoudrer de sauce à la coriandre. Saupoudrer de noix de coco grillée

Portions de soupe de nouilles au sarrasin : 4

Temps de cuisson : 25 minutes

Ingrédients:

2 tasses de Bok Choy, hachés

3 cuillères à soupe. Tamari

3 paquets de nouilles de sarrasin

2 tasses de haricots Edamame

7 onces Champignons shiitake, hachés

4 tasses d'eau

1 c. Gingembre, râpé

pincée de sel

1 gousse d'ail, râpée

Les directions:

1. Tout d'abord, placez l'eau, le gingembre, la sauce soja et l'ail dans une casserole de taille moyenne à feu moyen.

2. Portez à ébullition le mélange gingembre-sauce soja, puis incorporez les edamames et les shiitake.

3. Poursuivez la cuisson 7 minutes supplémentaires ou jusqu'à ce qu'elles soient tendres.

4. Ensuite, faites cuire les nouilles soba en suivant les instructions : indiquées dans le paquet jusqu'à ce qu'elles soient cuites. Lavez et égouttez bien.

5. Maintenant, ajoutez le bok choy au mélange de shiitake et faites cuire encore une minute ou jusqu'à ce que le bok choy soit flétri.

6. Enfin, répartissez les nouilles soba dans les bols de service et garnissez-les du mélange de champignons.

Informations nutritionnelles : Calories : 234KcalProtéines : 14,2gGlucides : 35,1gMatières grasses : 4g

Portions de salade de saumon facile : 1

Temps de cuisson : 0 minutes

Ingrédients:

1 tasse de roquette bio

1 boîte de saumon sauvage

½ d'un avocat, tranché

1 cuillère à soupe d'huile d'olive

1 cuillère à café de moutarde de Dijon

1 cuillère à café de sel de mer

Les directions:

1. Commencez par fouetter l'huile d'olive, la moutarde de Dijon et le sel de mer dans un bol à mélanger pour faire la vinaigrette. Mettre de côté.

2. Assembler la salade avec la roquette comme base, et garnir de saumon et d'avocat tranché.

3. Arroser avec la vinaigrette.

Informations nutritionnelles : Glucides totaux 7g Fibres alimentaires : 5g Protéines : 48g Lipides totaux : 37g Calories : 553

Portions de soupe aux légumes : 4

Temps de cuisson : 40 minutes

Ingrédients:

1 cuillère à soupe. Huile de noix de coco

2 tasses de chou frisé, haché

2 branches de céleri, coupées en dés

½ de 15 onces. boîte de haricots blancs, égouttés et rincés 1 oignon, gros et coupé en dés

c. Poivre noir

1 carotte, moyenne et coupée en dés

2 tasses de chou-fleur, coupé en bouquets

1 c. Curcuma, moulu

1 c. Sel de mer

3 gousses d'ail, émincées

6 tasses de bouillon de légumes

Les directions:

1. Pour commencer, faites chauffer l'huile dans une grande casserole à feu moyen-doux.

2. Incorporer l'oignon dans la casserole et le faire sauter pendant 5 minutes ou jusqu'à ce qu'il ramollisse.

3. Mettez la carotte et le céleri dans la casserole et poursuivez la cuisson pendant encore 4 minutes ou jusqu'à ce que les légumes aient ramolli.

4. Maintenant, ajoutez le curcuma, l'ail et le gingembre au mélange. Bien mélanger.

5. Cuire le mélange de légumes pendant 1 minute ou jusqu'à ce qu'il soit parfumé.

6. Ensuite, versez le bouillon de légumes avec du sel et du poivre et portez le mélange à ébullition.

7. Une fois qu'il commence à bouillir, ajoutez le chou-fleur. Réduire le feu et laisser mijoter le mélange de légumes pendant 13 à 15 minutes ou jusqu'à ce que le chou-fleur soit ramolli.

8. Enfin, ajoutez les haricots et le chou frisé. Faites cuire dans les 2 minutes.

9. Servez-le chaud.

<u>Informations nutritionnelles :</u> Calories 192Kcal Protéines : 12,6 g Glucides : 24,6 g Lipides : 6,4 g

Portions de crevettes à l'ail citronné : 4

Temps de cuisson : 15 minutes

Ingrédients:

1 et ¼ livres de crevettes, bouillies ou cuites à la vapeur

3 cuillères à soupe d'ail, émincé

¼ tasse de jus de citron

2 cuillères à soupe d'huile d'olive

¼ tasse de persil

Les directions:

1. Prenez une petite poêle et placez-la sur feu moyen, ajoutez l'ail et l'huile et remuez pendant 1 minute.

2. Ajouter le persil, le jus de citron et assaisonner de sel et de poivre en conséquence.

3. Ajouter les crevettes dans un grand bol et transférer le mélange de la poêle sur les crevettes.

4. Réfrigérer et servir.

Informations nutritionnelles : Calories : 130 Lipides : 3gGlucides : 2gProtéines : 22g

Ingrédients:

laitue neuve, en morceaux déchirés ou coupés

coupes d'avocat, discrétionnaire

SAUCE TREMPETTE SÉSAME-SOYA

1/4 tasse de sauce soja

1/4 tasse d'eau froide

1 cuillère à soupe de mayonnaise (discrétionnaire, cela rend le plongeon velouté)

1 cuillère à café de jus de citron vert neuf

1 cuillère à café d'huile de sésame

1 cuillère à café de sauce sriracha ou n'importe quelle sauce piquante (facultatif) <u>Les directions:</u>

1. tomate moyenne (épépinée et coupée à 1/4" d'épaisseur) 2. morceaux de bacon, cuits

3. nouveau basilic, menthe ou différentes herbes

4. papier de riz

Poitrine de poitrine au fromage bleu

Portions : 6

Temps de cuisson : 8 heures. 10 minutes

Ingrédients:

1 tasse d'eau

1/2 cuillère à soupe de pâte d'ail

1/4 tasse de sauce soja

1 ½ lb de poitrine de bœuf salé

1/3 cuillère à café de coriandre moulue

1/4 cuillère à café de clous de girofle, moulus

1 cuillère à soupe d'huile d'olive

1 échalote hachée

2 oz. fromage bleu, émietté

Aérosol de cuisson

Les directions:

1. Placez une casserole sur feu modéré et ajoutez de l'huile pour chauffer.

2. Ajouter les échalotes, mélanger et cuire pendant 5 minutes.

3. Incorporer la pâte d'ail et cuire pendant 1 minute.

4. Transférez-le dans la mijoteuse, graissé avec un aérosol de cuisson.

5. Placer la poitrine dans la même poêle et saisir jusqu'à ce qu'elle soit dorée des deux côtés.

6. Transférer le bœuf dans la mijoteuse avec les autres ingrédients, à l'exception du fromage.

7. Mettre son couvercle et cuire pendant 8 heures. à feu doux.

8. Garnir de fromage et servir.

<u>Informations nutritionnelles :</u> Calories 397, Protéines 23,5 g, Lipides 31,4 g, Glucides 3,9 g, Fibres 0 g

Soba froid avec vinaigrette au miso
Ingrédients :

6oz de nouilles soba au sarrasin

1/2 tasse de carottes détruites

1 tasse d'edamame décortiqués solidifiés, décongelés 2 concombres persans, coupés

1 tasse de coriandre hachée

1/4 tasse de graines de sésame

2 cuillères à soupe de graines de sésame noires

Vinaigrette au miso blanc (pour 2 tasses)

2/3 tasse de colle miso blanche

Jus de 2 citrons de taille moyenne

4 cuillères à soupe de vinaigre de riz

4 cuillères à soupe d'huile d'olive vierge supplémentaire

4 cuillères à soupe d'orange pressée

2 cuillères à soupe de gingembre frais moulu

2 cuillères à soupe de sirop d'érable

Les directions:

1. Faites cuire les nouilles soba selon les directives de l'emballage (faites attention à ne pas trop les cuire ou elles deviendront collantes et resteront ensemble). Bien canaliser et passer à un énorme bol 2. Inclure les carottes détruites, les edamames, le concombre, la coriandre et les graines de sésame

3. Pour mettre en place le pansement, consolidez chacune des fixations dans un mixeur. Mélanger jusqu'à consistance lisse

4. Versez la mesure voulue de vinaigrette sur les nouilles (nous avons utilisé environ une tasse et demie)

Morceaux de chou-fleur Buffalo cuits au four

Portions : 2

Temps de cuisson : 35 minutes

Ingrédients:

tasse d'eau

tasse de farine de banane

Une pincée de sel et de poivre

1 morceau de chou-fleur moyen, coupé en bouchées ½ tasse de sauce piquante

2 cuillères à soupe de beurre fondu

Fromage bleu ou vinaigrette ranch (facultatif)

Les directions:

1. Préchauffez votre four à 425 °F. Pendant ce temps, tapisser un plat allant au four de papier d'aluminium.

2. Mélanger l'eau, la farine et une pincée de sel et de poivre dans un grand bol à mélanger.

3. Bien mélanger jusqu'à ce que le tout soit bien mélangé.

4. Ajouter le chou-fleur; remuer pour bien enrober.

5. Transférer le mélange dans le plat allant au four. Cuire au four pendant 15 minutes en retournant une fois.

6. Pendant la cuisson, mélanger la sauce piquante et le beurre dans un petit bol.

7. Versez la sauce sur le chou-fleur cuit.

8. Remettre le chou-fleur cuit au four et poursuivre la cuisson pendant 20 minutes.

9. Servir immédiatement avec une vinaigrette ranch sur le côté, si désiré.

Informations nutritionnelles : Calories : 168 Cal Lipides : 5,6 g Protéines : 8,4 g Glucides : 23,8 g Fibres : 2,8 g

Poulet au four à l'ail avec basilic et tomates

Portions : 4

Temps de cuisson : 30 minutes

Ingrédients:

½ oignon jaune moyen

2 cuillères à soupe d'huile d'olive

3 gousses d'ail hachées

1 tasse de basilic (coupé grossièrement)

1.lb poitrine de poulet désossée

14,5 onces de tomates hachées italiennes

Sel poivre

4 courgettes moyennes (en spirales en nouilles) 1 cuillère à soupe de poivron rouge broyé

2 cuillères à soupe d'huile d'olive

Les directions:

1. Pilez les morceaux de poulet avec une poêle pour une cuisson rapide. Saupoudrer de sel, de poivre et d'huile sur les morceaux de poulet et faire mariner les deux côtés du poulet également.

2. Faire frire les morceaux de poulet dans une grande poêle chaude pendant 2-3 minutes de chaque côté.

3. Faire revenir l'oignon dans la même poêle jusqu'à ce qu'il soit brun. Ajoutez-y les tomates, les feuilles de basilic et l'ail.

4. Laisser mijoter pendant 3 minutes et ajouter toutes les épices et le poulet dans la poêle.

5. Servez-le dans l'assiette avec des zoodles en sauce.

Informations nutritionnelles : Calories 44 Glucides : 7g Lipides : 0g Protéines : 2g

Portions de soupe crémeuse au chou-fleur au curcuma : 4

Temps de cuisson : 15 minutes

Ingrédients:

2 cuillères à soupe d'huile d'olive extra vierge

1 poireau, partie blanche seulement, tranché finement

3 tasses de fleurons de chou-fleur

1 gousse d'ail, pelée

1 morceau (1¼ pouce) de gingembre frais, pelé et tranché 1½ cuillères à café de curcuma

½ cuillère à café de sel

¼ cuillère à café de poivre noir fraîchement moulu

¼ cuillère à café de cumin moulu

3 tasses de bouillon de légumes

1 tasse de matière grasse : lait de coco

¼ tasse de coriandre fraîche hachée finement

Les directions:

1. Faites chauffer l'huile à feu vif dans une grande casserole.

2. Faire revenir le poireau dans les 3 à 4 minutes.

3. Mettez le chou-fleur, l'ail, le gingembre, le curcuma, le sel, le poivre et le cumin et faites sauter pendant 1 à 2 minutes.

4. Mettez le bouillon et faites bouillir.

5. Laisser mijoter dans les 5 minutes.

6. Réduire la soupe en purée à l'aide d'un mélangeur à immersion jusqu'à consistance lisse.

7. Incorporer le lait de coco et la coriandre, réchauffer et servir.

<u>Informations nutritionnelles :</u> Calories 264 Total Lipides : 23g Total Glucides : 12g Sucre : 5g Fibres : 4g Protéines : 7g Sodium : 900mg

Riz brun aux champignons, chou frisé et patate douce

Portions : 4

Temps de cuisson : 50 minutes

Ingrédients:

¼ tasse d'huile d'olive extra vierge

4 tasses de feuilles de chou frisé grossièrement hachées

2 poireaux, parties blanches seulement, tranchés finement

1 tasse de champignons tranchés

2 gousses d'ail, hachées

2 tasses de patates douces pelées coupées en dés de ½ pouce 1 tasse de riz brun

2 tasses de bouillon de légumes

1 cuillère à café de sel

¼ cuillère à café de poivre noir fraîchement moulu

¼ tasse de jus de citron fraîchement pressé

2 cuillères à soupe de persil plat frais finement haché <u>Les directions:</u>

1. Faites chauffer l'huile à feu vif.

2. Ajouter le chou frisé, les poireaux, les champignons et l'ail et faire revenir jusqu'à ce qu'ils soient tendres, environ 5 minutes.

3. Ajouter les patates douces et le riz et faire sauter pendant environ 3 minutes.

4. Ajouter le bouillon, le sel et le poivre et faire bouillir. Mijoter dans les 30 à 40

minutes.

5. Incorporer le jus de citron et le persil, puis servir.

<u>Informations nutritionnelles :</u> Calories 425 Lipides : 15g Glucides totaux : 65g Sucre : 6g Fibres : 6g Protéines : 11g Sodium : 1045mg

Recette de tilapia au four avec garniture aux pacanes et romarin

Portions : 4

Temps de cuisson : 20 minutes

Ingrédients:

4 filets de tilapia (4 onces chacun)

½ cuillère à café de cassonade ou de sucre de coco 2 cuillères à café de romarin frais, haché

1/3 tasse de pacanes crues, hachées

Une pincée de poivre de cayenne

1 ½ cuillère à café d'huile d'olive

1 gros blanc d'oeuf

1/8 cuillère à café de sel

1/3 tasse de chapelure panko, de préférence de blé entier <u>Les directions:</u>

1. Faites chauffer votre four à 350 F.

2. Mélangez les pacanes avec la chapelure, le sucre de coco, le romarin, le poivre de Cayenne et le sel dans un petit plat allant au four. Ajouter l'huile d'olive; lancer.

3. Cuire au four dans les 7 à 8 minutes, jusqu'à ce que le mélange devienne légèrement doré.

4. Réglez la chaleur à 400 F et vaporisez un plat de cuisson en verre de grande taille d'un aérosol de cuisson.

5. Fouettez le blanc d'œuf dans le plat peu profond. Travailler par lots ; tremper le poisson (un tilapia à la fois) dans le blanc d'œuf, puis enrober légèrement dans le mélange de pacanes. Mettez les filets enrobés dans le plat allant au four.

6. Presser le reste du mélange de pacanes sur les filets de tilapia.

7. Cuire au four dans les 8 à 10 minutes. Servez aussitôt et dégustez.

<u>Informations nutritionnelles :</u> kcal 222 Lipides : 10 g Fibres : 2 g Protéines : 27 g

Portions de tortillas aux haricots noirs : 2

Temps de cuisson : 0 minutes

Ingrédients:

¼ tasse de maïs

1 poignée de basilic frais

½ tasse de roquette

1 cuillère à soupe de levure nutritionnelle

¼ tasse de haricots noirs en conserve

1 pêche, tranchée

1 cuillère à café de jus de citron vert

2 tortillas sans gluten

Les directions:

1. Répartir les haricots, le maïs, la roquette et les pêches entre les deux tortillas.

2. Garnir chaque tortilla de la moitié du basilic frais et du jus de lime

<u>Informations nutritionnelles :</u> Glucides totaux 44g Fibres alimentaires : 7g Protéines : 8g Lipides totaux : 1g Calories : 203

Poulet Aux Haricots Blancs Aux Légumes Verts D'hiver

Portions : 8

Temps de cuisson : 45 minutes

Ingrédients:

4 gousses d'ail

1 cuillère à soupe d'huile d'olive

3 panais moyens

1kg Petits cubes de poulet

1 cuillère à café de cumin en poudre

2 fuites et 1 partie verte

2 carottes (coupées en cubes)

1 ¼ Haricots blancs (trempés toute la nuit)

½ cuillère à café d'origan séché

2 cuillères à café de sel casher

Feuilles de coriandre

1 1/2 cuillère à soupe de piments ancho moulus

Les directions:

1. Cuire l'ail, les poireaux, le poulet et l'huile d'olive dans une grande casserole à feu moyen pendant 5 minutes.

2. Maintenant, ajoutez les carottes et les panais, et après avoir remué pendant 2 minutes, ajoutez tous les ingrédients de l'assaisonnement.

3. Remuez jusqu'à ce que le parfum commence à en sortir.

4. Maintenant, ajoutez les haricots et 5 tasses d'eau dans la casserole.

5. Portez à ébullition et réduisez le feu.

6. Laisser mijoter presque 30 minutes et garnir de feuilles de persil et de coriandre.

Informations nutritionnelles : Calories 263 Glucides : 24g Lipides : 7g Protéines : 26g

Portions de saumon au four aux herbes : 2

Temps de cuisson : 15 minutes

Ingrédients:

10 oz. Filet de saumon

1 c. Huile d'olive

1 c. Mon chéri

1 c. Estragon, frais

1/8 c. Le sel

2 c. Moutarde de Dijon

c. Thym séché

c. Origan, séché

Les directions:

1. Préchauffer le four à 425 F.

2. Après cela, mélanger tous les ingrédients, à l'exception du saumon dans un bol de taille moyenne.

3. Maintenant, répartissez uniformément ce mélange sur le saumon.

4. Ensuite, placez le saumon avec la peau vers le bas sur la plaque à pâtisserie tapissée de papier parchemin.

5. Enfin, cuire au four pendant 8 minutes ou jusqu'à ce que le poisson s'émiette.

<u>Informations nutritionnelles :</u> Calories : 239KcalProtéines : 31gGlucides : 3gMatières grasses : 11g

Salade de poulet au yaourt grec

Ingrédients:

Poulet haché

Pomme verte

oignon rouge

Céleri

Canneberges séchées

Les directions:

1. Une portion de poulet au yogourt grec de légumes verts mélangés est une idée extraordinaire pour préparer le dîner. Vous pouvez le placer dans une boussole artisanale et ne manger que cela ou vous pouvez l'emballer dans un super compartiment de préparation avec plus de légumes, de frites, etc. Voici quelques recommandations de service.

2. Sur un peu de pain grillé

3. Dans une tortilla avec de la laitue

4. Avec des chips ou des saltines

5. Dans un peu de laitue bourguignonne (choix faible en glucides !)

Salade de pois chiches pilés

Ingrédients:

1 avocat

1/2 citron croquant

1 boîte de pois chiches épuisés (19 oz)

1/4 tasse d'oignon rouge coupé

2 tasses de tomates raisins coupées

2 tasses de concombre en dés

1/2 tasse de persil croustillant

3/4 tasse de poivre vert carillon coupé en dés

Pansement

1/4 tasse d'huile d'olive

2 cuillères à soupe de vinaigre de vin rouge

1/2 cuillère à café de cumin

sel et poivre

Les directions:

1. Coupez l'avocat en carrés 3D et placez-les dans un bol. Presser le jus d'1/2 citron sur l'avocat et mélanger délicatement pour consolider.

2. Inclure la portion restante d'ingrédients verts mélangés et lancer délicatement pour se joindre.

3. Réfrigérer en tout cas une heure avant de servir.

Portions de salade de Valence : 10

Temps de cuisson : 0 minutes

Ingrédients:

1 c. Olives Kalamata à l'huile, dénoyautées, légèrement égouttées, coupées en deux, coupées en julienne

1 tête, petite laitue romaine, rincée, essorée, coupée en bouchées

½ pièce, petite échalote, coupée en julienne

1 c. Moutarde de Dijon

½ petit satsuma ou mandarine, pulpe seulement

1 c. vinaigre de vin blanc

1 c. Huile d'olive vierge extra

1 pincée de thym frais, émincé

Pincée de sel de mer

Pincée de poivre noir, au goût

Les directions:

1. Mélangez le vinaigre, l'huile, le thym frais, le sel, la moutarde, le poivre noir et le miel, si vous en utilisez. Bien fouetter jusqu'à ce que la vinaigrette émulsionne un peu.

2. Mélanger le reste des ingrédients de la salade dans un saladier.

3. Arroser de vinaigrette au moment de servir. Servir immédiatement avec 1 tranche si pain au levain sans sucre ou salé.

Informations nutritionnelles : Calories 238 Glucides : 23g Lipides : 15g Protéines : 8g

Portions de soupe « Mangez vos légumes » : 4

Temps de cuisson : 20 minutes

Ingrédients:

¼ tasse d'huile d'olive extra vierge

2 poireaux, parties blanches seulement, tranchés finement

1 bulbe de fenouil, paré et tranché finement

1 gousse d'ail, pelée

1 botte de bette à carde, hachée grossièrement

4 tasses de chou frisé grossièrement haché

4 tasses de feuilles de moutarde grossièrement hachées

3 tasses de bouillon de légumes

2 cuillères à soupe de vinaigre de cidre de pomme

1 cuillère à café de sel

¼ cuillère à café de poivre noir fraîchement moulu

¼ tasse de noix de cajou hachées (facultatif)

Les directions:

1. Faites chauffer l'huile à feu vif dans une grande casserole.

2. Ajouter les poireaux, le fenouil et l'ail et faire sauter jusqu'à ce qu'ils ramollissent, pendant environ 5 minutes.

3. Ajouter les bettes à carde, le chou frisé et les feuilles de moutarde et faire sauter jusqu'à ce que les feuilles se fanent, de 2 à 3 minutes.

4. Mettez le bouillon et faites bouillir.

5. Laisser mijoter dans les 5 minutes.

6. Incorporer le vinaigre, le sel, le poivre et les noix de cajou (le cas échéant).

7. Réduire la soupe en purée à l'aide d'un mélangeur à immersion jusqu'à consistance lisse et servir.

Informations nutritionnelles : Calories 238 Total Lipides : 14g Total Glucides : 22g Sucre : 4g Fibres : 6g Protéines : 9g Sodium : 1294mg

Portions de saumon miso et haricots verts : 4

Temps de cuisson : 25 minutes

Ingrédients:

1 cuillère à soupe d'huile de sésame

1 livre de haricots verts, parés

1 livre de filets de saumon avec peau, coupés en 4 steaks ¼ tasse de miso blanc

2 cuillères à café de tamari ou de sauce soja sans gluten 2 oignons verts, tranchés finement

Les directions:

1. Préchauffer le four à 400°F. Graisser la plaque à pâtisserie avec l'huile.

2. Mettez les haricots verts, puis le saumon sur les haricots verts, et badigeonnez chaque morceau de miso.

3. Rôtir dans les 20 à 25 minutes.

4. Arroser de tamari, saupoudrer d'oignons verts et servir.

Informations nutritionnelles : Calories 213 Lipides totaux : 7g Glucides totaux : 13g Sucre : 3g Fibres : 5g Protéines : 27g Sodium : 989mg

Portions de soupe aux poireaux, au poulet et aux épinards : 4

Temps de cuisson : 15 minutes

Ingrédients:

3 cuillères à soupe de beurre non salé

2 poireaux, parties blanches seulement, tranchés finement

4 tasses de bébés épinards

4 tasses de bouillon de poulet

1 cuillère à café de sel

¼ cuillère à café de poivre noir fraîchement moulu

2 tasses de poulet rôti effiloché

1 cuillère à soupe de ciboulette fraîche émincée

2 cuillères à café de zeste de citron râpé ou émincé

Les directions:

1. Dissoudre le beurre à feu vif dans une grande casserole.

2. Ajouter les poireaux et faire sauter jusqu'à ce qu'ils ramollissent et commencent à dorer, 3

à 5 minutes.

3. Ajouter les épinards, le bouillon, le sel et le poivre et faire bouillir.

4. Laisser mijoter en 1 à 2 minutes.

5. Mettre le poulet et cuire dans les 1 à 2 minutes.

6. Parsemer de ciboulette et de zeste de citron et servir.

<u>Informations nutritionnelles :</u> Calories 256 Total Lipides : 12g Glucides Total : 9g Sucre : 3g Fibres : 2g Protéines : 27g Sodium : 1483mg

Portions de bombes chocolat noir : 24

Temps de cuisson : 5 minutes

Ingrédients:

1 tasse de crème épaisse

1 tasse de fromage à la crème ramolli

1 cuillère à café d'essence de vanille

1/2 tasse de chocolat noir

2 oz. Stévia

Les directions:

1. Faites fondre le chocolat dans un bol en le chauffant au micro-ondes.

2. Battre le reste des ingrédients dans un mélangeur jusqu'à consistance mousseuse, puis incorporer le chocolat fondu.

3. Bien mélanger, puis répartir le mélange dans un moule à muffins garni de moules à muffins.

4. Réfrigérer pendant 3 heures.

5. Servir.

<u>Informations nutritionnelles :</u> Calories 97 Lipides 5 g, Glucides 1 g, Protéines 1 g, Fibres 0 g

Portions de poivrons farcis à l'italienne : 6

Temps de cuisson : 40 minutes

Ingrédients:

1 cuillère à café d'ail en poudre

1/2 tasse de mozzarella, râpée

1 lb de viande hachée maigre

1/2 tasse de parmesan

3 poivrons, coupés en deux dans le sens de la longueur, tiges, graines et côtes retirées

1 paquet (10 oz) d'épinards surgelés

2 tasses de sauce marinara

1/2 cuillère à café de sel

1 cuillère à café d'assaisonnement italien

Les directions:

1. Enduire une plaque à pâtisserie recouverte de papier d'aluminium d'un enduit antiadhésif. Placer les poivrons sur la plaque de cuisson.

2. Ajouter la dinde dans une poêle antiadhésive et cuire à feu moyen jusqu'à ce qu'elle ne soit plus rose.

3. Une fois presque cuit, ajoutez 2 tasses de sauce marinara et les assaisonnements. Faites cuire environ 8 à 10 minutes.

4. Ajouter les épinards avec 1/2 tasse de parmesan. Remuer jusqu'à ce que le tout soit bien mélangé.

5. Ajoutez une demi-tasse du mélange de viande dans chaque poivron et répartissez le fromage entre tous. Préchauffez le four à 450 F.

6. Cuire les poivrons environ 25-30 minutes. Refroidir et servir.

Informations nutritionnelles : 150 calories 2 g de lipides 11 g de glucides totaux 20 g de protéines

Truite fumée enveloppée dans de la laitue

Portions : 4

Temps de cuisson : 45 minutes

Ingrédients:

¼ tasse de pommes de terre rôties au sel

1 tasse de tomates raisins

½ tasse de feuilles de basilic

16 feuilles de laitue de petite et moyenne taille

1/3 tasse de chili doux asiatique

2 carottes

1/3 tasse d'échalotes (tranchées fines)

¼ tasse de jalapenos en tranches minces

1 cuillère à soupe de sucre

2-4,5 onces de truite fumée sans peau

2 cuillères à soupe de jus de citron vert frais

1 concombre

Les directions:

1. Coupez les carottes et le concombre en fines lanières.

2. Faites mariner ces légumes pendant 20 minutes avec du sucre, de la sauce de poisson, du jus de citron vert, des échalotes et des jalapenos.

3. Ajoutez des morceaux de truite et d'autres herbes dans ce mélange de légumes et mélangez.

4. Filtrer l'eau du mélange de légumes et de truite et la mélanger à nouveau pour mélanger.

5. Placer les feuilles de laitue sur une assiette et y déposer la salade de truite.

6. Garnissez cette salade d'arachides et de sauce chili.

<u>Informations nutritionnelles :</u> Calories 180 Glucides : 0g Lipides : 12g Protéines : 18g

Ingrédients de la salade aux œufs farcis :

12 oeufs énormes

1/4 tasse d'oignon vert émincé

1/2 tasse de céleri émincé

1/2 tasse de piment rouge carillon coupé

2 cuillères à soupe de moutarde de Dijon

1/3 tasse de mayonnaise

1 cuillère à soupe de jus, de vin blanc ou de vinaigre de xérès 1/4 cuillère à café de Tabasco ou autre sauce piquante (assez au goût) 1/2 cuillère à café de paprika (assez au goût) 1/2 cuillère à café de poivre noir (assez au goût) 1/4 cuillère à café de sel (plus au goût)

Les directions:

1. Réchauffer les œufs durs : La méthode la plus simple pour faire des œufs à bulles durs qui sont tout sauf difficiles à décaper est de les cuire à la vapeur.

Remplissez une casserole avec 1 pouce d'eau et ajoutez un boisseau à vapeur. (Au cas où vous n'auriez pas de boisseau vapeur, ça va.) 2. Faites chauffer l'eau jusqu'à ébullition, placez délicatement les œufs dans le bac à vapeur ou carrément dans la casserole. Étalez le pot. Réglez votre horloge sur 15 minutes. Évacuer les œufs et les mettre dans de l'eau virale glaciale pour les refroidir.

3. Préparez les œufs et les légumes : hachez grossièrement les œufs et mettez-les dans un grand bol. Inclure l'oignon vert, le céleri et le piment rouge carillon.

4. Préparez l'assiette de mesclun : Dans un petit bol, mélangez la mayo, la moutarde, le vinaigre et le Tabasco. Mélanger tendrement la sauce mayo dans le bol avec les œufs et les légumes. Inclure le paprika et le sel et le poivre noir. Changer les assaisonnements au goût.

Poulet au sésame et tamari aux haricots verts

Portions : 4

Temps de cuisson : 45 minutes

Ingrédients:

1 livre de haricots verts, parés

4 poitrines de poulet avec os et peau

2 cuillères à soupe de miel

1 cuillère à soupe d'huile de sésame

1 cuillère à soupe de tamari ou de sauce soja sans gluten 1 tasse de bouillon de poulet ou de légumes

Les directions:

1. Préchauffer le four à 400°F.

2. Disposer les haricots verts sur une grande plaque à pâtisserie à rebords.

3. Mettez le poulet, côté peau vers le haut, sur les haricots.

4. Arrosez de miel, d'huile et de tamari. Ajouter le bouillon.

5. Rôtir dans les 35 à 40 minutes. Retirer, laisser reposer 5 minutes et servir.

<u>Informations nutritionnelles :</u> Calories 378 Lipides totaux : 10g Glucides totaux : 19g Sucre : 10g Fibres : 4g Protéines : 54g Sodium : 336mg

Portions de ragoût de poulet au gingembre : 6

Temps de cuisson : 20 minutes

Ingrédients:

¼ tasse de filet de cuisse de poulet, coupé en dés

¼ tasse de nouilles aux œufs cuites

1 papaye non mûre, pelée, coupée en dés

1 tasse de bouillon de poulet, faible en sodium, faible en gras

1 médaillon de gingembre, pelé, écrasé

poudre d'oignon

un peu d'ail en poudre, en rajouter si désiré

1 tasse d'eau

1 c. sauce poisson

pincée de poivre blanc

1 morceau, petit piment oiseau, émincé

Les directions:

1. Mettez toute la fixation dans une grande cocotte à feu vif. Ébullition.

Baissez le feu au réglage le plus bas. Mettez le couvercle.

2. Laissez cuire le ragoût pendant 20 minutes ou jusqu'à ce que la papaye soit tendre à la fourchette.

Éteignez le feu. A consommer tel quel ou avec ½ tasse de riz cuit. Servir chaud.

<u>Informations nutritionnelles :</u> Calories 273 Glucides : 15g Lipides : 9g Protéines : 33g

Ingrédients de la salade crémeuse de Garbano :

Assiette de mesclun

2 pots de 14 oz Pois chiches

3/4 tasse de petits shakers aux carottes

3/4 tasse de petits shakers de céleri

3/4 tasse Poivrons Petits shakers

1 échalote hachée

1/4 tasse de petits shakers à l'oignon rouge

1/2 Gros Avocat

6 onces de tofu lisse

1 cuillère à soupe de vinaigre de cidre de pomme

1 cuillère à soupe de jus de citron

1 cuillère à soupe de moutarde de Dijon

1 cuillère à soupe de relish sucrée

1/4 cuillère à café de paprika fumé

1/4 cc de graines de céleri

1/4 cuillère à café de poivre noir

1/4 cc de moutarde en poudre

Sel de mer au goût

Sandwich Fix'ns

Pain de grains entiers cultivé

Couper les tomates Roma

Laitue à tartiner

Les directions:

1. Préparez-vous et coupez vos carottes, céleri, piment carillon, oignon rouge et oignon vert et placez-les dans un petit bol à mélanger. Mettez dans un endroit sûr.

2. À l'aide d'un petit mélangeur à submersion ou d'un robot culinaire, mélangez l'avocat, le tofu, le vinaigre de jus de pomme, le jus de citron et la moutarde jusqu'à consistance lisse.

3. Filtrez et lavez vos pois chiches et placez-les dans un bol à mélanger moyen. Avec un presse-purée ou une fourchette, écrasez les haricots jusqu'à ce que la plupart soient séparés et qu'il commence à prendre après l'assiette de poisson de mesclun. Vous n'avez pas besoin qu'il soit lisse mais fini et solide. Assaisonnez les haricots avec un peu de sel et de poivre.

4. Incluez les légumes coupés, la crème avocat-tofu et le reste des saveurs, savourez et mélangez bien. Goûtez et modifiez selon votre inclinaison.

Nouilles aux carottes avec sauce aux arachides et au gingembre et à la lime

Ingrédients:

Pour les pâtes aux carottes :

5 énormes carottes, épluchées et coupées en julienne ou en spirale en fines lanières 1/3 tasse (50 g) de noix de cajou cuites

2 cuillères à soupe de coriandre nouvelle, finement hachée

Pour la sauce gingembre-cacahuète :

2 cuillères à soupe de pâte à tartiner riche en noisettes

4 cuillères à soupe de lait de coco ordinaire

Presser le poivre de cayenne

2 énormes gousses d'ail finement hachées

1 cuillère à soupe de gingembre nouveau, épluché et moulu 1 cuillère à soupe de jus de citron vert

Sel, au goût

Les directions:

1. Consolidez tous les ingrédients de la sauce dans un petit bol et mélangez jusqu'à consistance lisse et riche et mettez dans un endroit sûr pendant que vous julienne/spiralisez les carottes.

2. Dans un grand bol de service, mélanger tendrement les carottes et la sauce jusqu'à ce qu'elles soient également couvertes. Garnir de noix de cajou grillées (ou d'arachides) et de coriandre fraîchement hachée.

Légumes Rôtis Aux Patates Douces Et Haricots Blancs

Portions : 4

Temps de cuisson : 25 minutes

Ingrédients:

2 petites patates douces, en dés

½ oignon rouge, coupé en dés de ¼ de pouce

1 carotte moyenne, pelée et tranchée finement

4 onces de haricots verts, parés

¼ tasse d'huile d'olive extra vierge

1 cuillère à café de sel

¼ cuillère à café de poivre noir fraîchement moulu

1 boîte (15½ onces) de haricots blancs, égouttés et rincés 1 cuillère à soupe de zeste de citron émincé ou râpé

1 cuillère à soupe d'aneth frais haché

Les directions:

1. Préchauffer le four à 400°F.

2. Mélanger les patates douces, l'oignon, la carotte, les haricots verts, l'huile, le sel et le poivre sur une grande plaque à pâtisserie à rebords et bien mélanger. Disposer en une seule couche.

3. Rôtir jusqu'à ce que les légumes soient tendres, 20 à 25 minutes.

4. Ajouter les haricots blancs, le zeste de citron et l'aneth, bien mélanger et servir.

<u>Informations nutritionnelles :</u> Calories 315 Total Lipides : 13g Total Glucides : 42g Sucre : 5g Fibres : 13g Protéines : 10g Sodium : 632mg

Portions de salade de chou frisé : 1

Temps de cuisson : 0 minutes

Ingrédients:

1 tasse de chou frisé frais

½ tasse de bleuets

½ tasse de cerises dénoyautées coupées en deux

¼ tasse de canneberges séchées

1 cuillère à soupe de graines de sésame

2 cuillères à soupe d'huile d'olive

Jus de 1 citron

Les directions:

1. Mélanger l'huile d'olive et le jus de citron, puis mélanger le chou frisé dans la vinaigrette.

2. Mettez les feuilles de chou frisé dans un saladier et garnissez de myrtilles, de cerises et de canneberges fraîches.

3. Garnir de graines de sésame.

Informations nutritionnelles : Glucides totaux 48g Fibres alimentaires : 7g Protéines : 6g Lipides totaux : 33g Calories : 477

Portions de verre réfrigéré à la noix de coco et aux noisettes : 1

Temps de cuisson : 0 minute

Ingrédients:

½ tasse de lait d'amande de coco

¼ tasse de noisettes, hachées

1 et ½ tasses d'eau

1 paquet de stévia

Les directions:

1. Ajouter les ingrédients énumérés au mélangeur

2. Mélangez jusqu'à obtention d'une texture lisse et crémeuse 3. Servez frais et dégustez !

Informations nutritionnelles : Calories : 457 Lipides : 46gGlucides : 12gProtéines : 7g

Poulet méditerranéen au four avec légumes
Portions : 4

Temps de cuisson : 20 minutes

Ingrédients:

4 (4 onces / 113 g) poitrines de poulet désossées et sans peau 2 cuillères à soupe d'huile d'avocat

1 tasse de champignons cremini tranchés

1 tasse d'épinards frais hachés emballés

1 pinte de tomates cerises, coupées en deux

½ tasse de basilic frais haché

½ oignon rouge, tranché finement

4 gousses d'ail, hachées

2 cuillères à café de vinaigre balsamique

Les directions:

1. Préchauffer le four à 400 ºF (205 ºC).

2. Disposer les poitrines de poulet dans un grand plat allant au four et les badigeonner généreusement d'huile d'avocat.

3. Mélangez les champignons, les épinards, les tomates, le basilic, l'oignon rouge, les clous de girofle et le vinaigre dans un bol moyen et mélangez. Parsemer chaque poitrine de poulet des du mélange de légumes.

4. Cuire au four préchauffé pendant environ 20 minutes, ou jusqu'à ce que la température interne atteigne au moins 165 ºF (74 ºC) et que le jus soit clair lorsqu'on le pique avec une fourchette.

5. Laisser le poulet reposer pendant 5 à 10 minutes avant de le trancher pour servir.

Informations nutritionnelles : calories : 220 ; matière grasse : 9,1 g ; protéines : 28,2 g ; glucides : 6,9 g ; fibre : 2,1g ; sucre : 6,7g ; sodium : 310mg

Portions de tambours de poulet Hidden Valley : 6 - 8

Ingrédients:

2 cuillères à soupe. Sauce piquante

½ c. beurre fondu

Bâtonnets de céleri

2 paquets de mélange sec pour vinaigrette Hidden Valley

3 cuillères à soupe. Le vinaigre

12 pilons de poulet

Paprika

Les directions:

1. Préchauffer le four à 350 0F.

2. Rincez et séchez le poulet.

3. Dans un bol, mélanger la vinaigrette sèche, le beurre fondu, le vinaigre et la sauce piquante. Remuer jusqu'à ce que combiné.

4. Placez les pilons dans un grand sac en plastique, versez la sauce sur les pilons. Massez la sauce jusqu'à ce que les pilons soient enrobés.

5. Placer le poulet en une seule couche sur un plat allant au four. Saupoudrer de paprika.

6. Cuire au four pendant 30 minutes, en retournant à mi-cuisson.

7. Servir avec une crudité ou une salade.

<u>Informations nutritionnelles :</u> Calories : 155, Lipides : 18 g, Glucides : 96 g, Protéines : 15 g, Sucres : 0,7 g, Sodium : 340 mg

www.ingramcontent.com/pod-product-compliance
Lightning Source LLC
Chambersburg PA
CBHW071819080526
44589CB00012B/848